Histoire du XXe siècle

De la Première Guerre mondiale à nos jours

Dans la collection Eyrolles Pratique :

- *QCM de culture générale*, Pierre Biélande
- *Le christianisme*, Claude-Henry du Bord
- *Citations latines expliquées*, Nathan Grigorieff
- *QCM histoire de France*, Nathan Grigorieff
- *Religions du monde entier*, Vladimir Grigorieff
- *Les philosophies orientales*, Vladimir Grigorieff
- *Philo de base*, Vladimir Grigorieff
- *Découvrir la psychanalyse*, Édith Lecourt
- *Le bouddhisme*, Quentin Ludwig
- *Comprendre le judaïsme*, Quentin Ludwig
- *Comprendre l'islam*, Quentin Ludwig
- *Dictionnaire des religions du monde*, Quentin Ludwig
- *Comprendre la kabbale*, Quentin Ludwig
- *Dictionnaire des symboles*, Miguel Mennig
- *Comprendre la Renaissance*, Marie-Anne Michaux
- *Comprendre le Moyen Âge*, Madeleine Michaux
- *L'Europe en 200 questions-réponses*, Tania Régin
- *QCM illustré d'histoire de l'art*, David Thomisse
- *Comprendre le protestantisme*, Geoffroy de Turckheim

Dominique Sarciaux

Histoire du XXᵉ siècle

De la Première Guerre mondiale à nos jours

Éditions Eyrolles
61, Bd Saint-Germain
75240 Paris Cedex 05
www.editions-eyrolles.com

Mise en pages : Istria

 Le code de la propriété intellectuelle du 1er juillet 1992 interdit en effet expressément la photocopie à usage collectif sans autorisation des ayants droit. Or, cette pratique s'est généralisée notamment dans les établissements d'enseignement, provoquant une baisse brutale des achats de livres, au point que la possibilité même pour les auteurs de créer des œuvres nouvelles et de les faire éditer correctement est aujourd'hui menacée.

En application de la loi du 11 mars 1957, il est interdit de reproduire intégralement ou partiellement le présent ouvrage, sur quelque support que ce soit, sans autorisation de l'Éditeur ou du Centre Français d'Exploitation du Droit de Copie, 20, rue des Grands-Augustins, 75006 Paris.

© Groupe Eyrolles, 2006, ISBN 2-7081-3713-1

Sommaire

Introduction 7

Chapitre 1 : L'Europe jusqu'en 1918 13

Chapitre 2 : L'entre-deux-guerres 37

Chapitre 3 : La Seconde Guerre mondiale (1939-1945) 67

Chapitre 4 : La situation mondiale de 1945 à la crise
des années 1970 93

Chapitre 5 : Quelques évolutions du monde contemporain (1980-2005) 135

Conclusion : Globalisation et « société planétaire » 185

Repères bibliographiques 191

Table des matières 193

Introduction

Ce livre vise à expliquer les principaux faits marquants du grand XXe siècle, c'est-à-dire de la veille de la guerre 1914-1918 à l'actualité la plus récente. D'un point de vue strictement chronologique, nous entamons le XXIe siècle avec des événements qui ont pris naissance dans la période précédente. Ainsi en est-il, par exemple, des sciences de l'information et des télécommunications qui accompagnent et structurent, actuellement, l'émergence d'une « société planétaire ». Cette mondialisation des flux et des idées (appelée également « globalisation » en tant que rapport de l'homme à la totalité) est certainement l'une des caractéristiques majeures du siècle qui commence. Mais cette nouvelle étape de l'histoire de l'humanité n'est possible que grâce aux transformations, aux ruptures du siècle passé.

Les crises d'un modèle civilisé

Sous l'angle à la fois événementiel et conceptuel, le XXe siècle, dont l'influence perdure, s'explique par une série de crises à l'échelle planétaire. Ainsi, l'équilibre politique et militaire se rompt brutalement en août 1914, plongeant les grandes nations dans une guerre totale. C'est la fin de l'hégémonie européenne.

L'Occident en quête d'un nouveau visage

La société occidentale tente de survivre à ce drame. Par ailleurs, à côté de l'influence communiste apparaît une autre idéologie totalitaire : le nazisme. Le monde replonge dans la tragédie en septembre 1939 ; l'Allemagne hitlérienne déclenche un second grand conflit. Les nazis et leurs alliés sont vaincus, fort heureusement, en 1945. Après la Seconde Guerre mondiale, les États-Unis se trouvent engagés dans une lutte sans merci contre l'influence de l'URSS et de la Chine. C'est la période de la « guerre froide » sur fond de menace nucléaire. Toutefois, le régime soviétique s'effondre à la fin des années 1980, dont le symbole est la destruction du mur de Berlin en novembre 1989.

Une décolonisation ambiguë

En outre, la période de l'après-guerre se caractérise par des vagues de décolonisation en Asie puis en Afrique. Les principaux pays européens deviennent au mieux des nations de moyenne puissance sur le plan international. Les États-Unis prennent définitivement le leadership et tiennent toujours le haut du pavé. Leur engagement en Afghanistan et en Irak, notamment, est exemplaire à cet égard. Cette « croisade » tire d'ailleurs son origine de la première guerre du Golfe en 1990 tout autant que dans les attentats du 11 septembre 2001.

Une ère de progrès économique et technique

L'autre série de transformations importantes du XXe siècle se situe dans les domaines économique et technique. La Grande Guerre a pour conséquence la disparition des repères liés à la nature même de la civilisation du XIXe siècle (stabilité monétaire, colonisation, libéralisme, domination de l'économie britannique, etc.). De même, la crise de 1929 plonge les pays occidentaux dans un marasme sans précédent. Elle est d'ailleurs à l'origine de l'arrivée des nazis au pouvoir en Allemagne. Mais dès 1945, les pays libres se lancent dans une vaste opération de modernisation et de progrès économiques.

Introduction

L'élan des Trente Glorieuses

La période dite des « Trente Glorieuses » (1945-1975) s'inscrit sur fond de prospérité et de croissance soutenue. Priorité est donnée au progrès technique par toutes les nations développées et même en voie de développement (conquête de l'espace, découvertes dans le domaine de la biologie, apparition du nucléaire et de la micro-informatique, etc.). Des institutions naissent pour faciliter les échanges (GATT, par exemple.). De même, de nouvelles zones régionales émergent afin de mieux diffuser le progrès économique et social, comme la CEE regroupant six pays devenus, depuis, un ensemble plus vaste : l'Union européenne (UE). Rappelons toutefois que l'un des buts historiques de la création de l'Europe était de sceller l'entente entre la France et l'Allemagne afin d'éviter une nouvelle guerre !

Le syndrome de la crise pétrolière

Cette embellie des Trente Glorieuses s'arrête brutalement avec la crise pétrolière des années 1973-1974 et l'apparition d'un chômage massif. Aujourd'hui encore, le monde occidental dans son ensemble connaît de nombreux soubresauts sur le plan économique et social.

La « fin de l'Histoire » ?

Les dernières années du XXe siècle, avec la disparition du communisme en tant que modèle politique, ont nourri la question de savoir si nous n'assistions pas, selon une expression ambiguë, à la « fin de l'Histoire ». Il n'en est rien ! Selon la formule de l'historien anglais Edward H. Carr : « L'histoire est mouvement. » Citons à titre d'illustrations de ce « mouvement perpétuel », le réveil de la Chine en tant que grande puissance économique, la situation toujours délicate au Proche-Orient, l'Europe politique en panne faute d'un consensus entre les 25 pays membres, la progression de l'économie de marché un peu partout sur la planète, mais aussi la crise du capitalisme qui en découle.

Histoire du XXᵉ siècle

Un XXIᵉ siècle encore à venir ?

L'autre question que l'on pourrait soulever, avec prudence, consiste à se demander si le XXᵉ siècle est véritablement terminé. Au moment des événements du 11 septembre 2001 aux États-Unis, beaucoup d'observateurs ont affirmé que nous étions entrés dans le XXIᵉ siècle. Est-ce si sûr ? Après tout, et a contrario, le XXᵉ siècle au sens des historiens n'a débuté qu'après la guerre 1914-1918 ! C'est en ce sens que l'on peut parler d'un « grand XXᵉ siècle ». Mais revenons au début, c'est-à-dire à l'époque où l'Europe se prépare à entrer dans une première guerre totale et meurtrière.

Chapitre 1
L'Europe jusqu'en 1918

L'Europe avant la Première Guerre mondiale

Le 28 juin 1914, à Sarajevo (Bosnie), l'archiduc François-Ferdinand, neveu de l'Empereur austro-hongrois François-Joseph 1er, est assassiné par un jeune nationaliste serbe, Gavrilo Princip. Aussitôt, par le jeu des alliances contractées entre les grandes puissances européennes, la Première Guerre mondiale éclate détruisant l'hégémonie de l'Europe.

L'hégémonie européenne et les empires coloniaux

En 1913, l'économie mondiale est gouvernée principalement par l'Europe de l'Ouest, berceau d'une civilisation technique et scientifique. L'Europe occidentale représente une grande place financière rassemblant les pays industriels dominés par la livre sterling, monnaie également internationale.

Le rôle clé de l'Angleterre

L'Angleterre est donc le pivot de l'économie mondiale. Grâce à sa situation géographique, l'Allemagne, qui est devenue sous Bismarck et Guillaume II une grande nation industrielle et commerciale, joue un rôle de tout premier plan dans le développement du continent européen. Ces deux pays leaders entraînent dans leur sillage d'autres nations développées comme la France, la Belgique ou la Suisse. Face à ce bloc de prospérité, d'autres pays sont bien moins avantagés sur le plan économique, principalement en Europe méridionale et orientale. Enfin, hors d'Europe, les États-Unis et le Japon connaissent une industrialisation rapide. Mais, à la veille de la Première Guerre mondiale, l'Amérique n'est pas encore devenue la grande puissance mondiale que nous connaissons aujourd'hui.

Les zoos humains

La propagande concernant la politique coloniale française a pris parfois des formes étranges. Ainsi, entre 1877 et 1912, le directeur du Jardin d'acclimatation à Paris, Albert Geoffroy Saint-Hilaire, organise une trentaine d'expositions « vivantes » mettant en scène des peuplades indigènes originaires notamment d'Afrique noire. Les pauvres malheureux sont exposés comme dans un zoo dans des conditions humaines et sanitaires plus que douteuses. Le pire est que ces « spectacles ethnologiques » remportent un grand succès et se multiplient dans d'autres endroits de la capitale.

Le monde des colonies

Le reste du monde est, plus ou moins, sous la domination de quelques puissances européennes qui se partagent de vastes empires coloniaux situés principalement en Afrique ou en Extrême-Orient. La situation du continent africain est exemplaire à cet égard. Distinguons, à cet effet, l'Afrique du Nord de l'Afrique noire.

L'Afrique du Nord

Cette partie du continent africain est dominée par l'Islam. Les Turcs y exercent une grande influence. En outre, la situation politique de cet immense territoire varie selon les régions. Mais, déjà au XIXe siècle, on

1. L'Europe jusqu'en 1918

assiste à une lente décadence de l'Empire ottoman laissant ainsi place aux impérialismes occidentaux, y compris allemand. De leur côté, les Anglais occupent l'Égypte depuis 1882 qui devient un protectorat en 1914. Ils étendent également leur emprise sur le Soudan dès la fin du XIXe siècle.

La présence française

La France se constitue un immense empire colonial avec l'Algérie dont la conquête débute en 1830, ainsi que la Tunisie (traité du Bardo de 1881) et le Maroc, tous deux sous protectorat français. En ce qui concerne plus particulièrement le Maroc, la France se trouve en conflit avec l'Allemagne de Guillaume II à deux reprises (1905 et 1911). À la conférence internationale d'Algésiras (1906), les Allemands reconnaissent la présence française dans ce pays.

L'Afrique noire

Les grandes nations se partagent territoires et richesses selon un ordre qui résulte plus d'un rapport de forces entre pays impérialistes que d'une quelconque stratégie rationnelle et planifiée.

Les possessions occidentales en Afrique :

- L'Allemagne, avant 1914, détient le Togo, le Cameroun, le Sud-Ouest africain et l'Afrique orientale.
- L'implantation britannique se situe en Rhodésie, en Afrique du Sud, en Ouganda, au Kenya, etc.
- L'influence portugaise est visible en Angola et au Mozambique. Par ailleurs, l'Italie possède la Somalie, et l'Espagne le Rio de Oro.
- Léopold II de Belgique fait l'acquisition en 1885 de l'État du Congo et le lègue à son pays en 1889.

Quant à la France, elle pratique également en Afrique noire une politique coloniale très ambitieuse.

Histoire du XXᵉ siècle

> **Les étapes de la politique coloniale africaine de la France**
> 1818. Conquête du Sénégal.
> 1843. Acquisition de la Guinée et du Gabon.
> 1895. Annexion de Madagascar.
> 1904. Création du gouvernement général d'Afrique occidentale française (AOF) et acquisition de l'Afrique équatoriale (AEF).

À quelques exceptions près, l'hégémonie européenne s'affirme donc sans partage dans le droit fil de l'esprit des conquêtes dont se nourrit son histoire.

Qu'est-ce que l'impérialisme ?

Au sens marxiste du terme, l'impérialisme représente le stade le plus élevé du capitalisme. Lénine, dans un opuscule consacré à cette question, utilise d'ailleurs la formule de « stade suprême du capitalisme ». En effet, la domination exercée par les grandes firmes oblige les États à conquérir de nouveaux territoires pour investir l'épargne inemployée et agrandir les marchés. Ce mécanisme de nature économique se traduit aussi par des actions militaires et culturelles afin de réduire les oppositions au sein des pays colonisés.

Mais voyons plus précisément ce qu'il en est des intérêts allemands dans ce partage économique du monde.

L'impérialisme allemand

Comme nous venons de le voir avec l'exemple de l'Afrique, l'Allemagne, en tant que nation industrielle puissante, a une part relativement modeste dans ce partage des richesses à l'échelle mondiale. Pourquoi ?

1. L'Europe jusqu'en 1918

L'explication de ce phénomène réside dans l'histoire du Reich bismarckien (1871-1890) et wilhelmien (1890-1918).

La politique extérieure allemande de Bismarck à Guillaume II

Après la guerre franco-prussienne (1870-1871) et l'achèvement de l'unité allemande, le chancelier Bismarck met en place une politique extérieure axée sur la domination du continent européen. Il développe un système diplomatique reposant sur le jeu des alliances entre puissances traditionnelles, avec l'Autriche par exemple. Cette politique évolue avec le temps et selon les circonstances. Par ailleurs, Bismarck néglige volontairement l'expansion coloniale, laissant les Français prendre un certain avantage dans ce domaine.

Après Bismarck, la Weltpolitik

Après le départ de Bismarck en 1890, l'impérialisme allemand change de nature. La pression démographique et les besoins économiques du pays obligent le nouveau pouvoir dirigé par Guillaume II à se tourner vers l'extérieur. Modestement implantée en Afrique sous Bismarck, l'Allemagne s'intéresse alors à l'Extrême-Orient et à l'Amérique latine. Dorénavant, le Kaiser exige sa part dans le partage du monde (Weltpolitik). Les intérêts allemands se heurtent donc à ceux d'autres nations mieux établies un peu partout dans le monde, comme la France.

Un nationalisme agressif : le pangermanisme

La toute nouvelle nation allemande sous l'impulsion de Guillaume II, chef d'État mégalomane et autoritaire, se sent soudainement imprégnée d'une mission civilisatrice : le pangermanisme. Autrement dit, l'Allemagne a des visées expansionnistes et attend la première occasion pour en découdre avec les pays qui lui font de l'ombre, comme la France au Maroc par exemple. Par ailleurs, les intérêts de l'Allemagne sont étroitement liés à ceux de

Histoire du XXᵉ siècle

l'Autriche. L'étincelle de Sarajevo provoque une déflagration mondiale. Dans quel contexte mondial et pourquoi ?

La stratégie des alliances

Des accords diplomatiques existent entre l'Allemagne et l'Autriche depuis Bismarck. Le traité de 1882, par exemple, donne naissance à la Triple Alliance (Allemagne, Autriche-Hongrie, Italie) ou Triplice. Avec le départ de Bismarck, Guillaume II reprend les choses en main. Mais l'Italie décide, comme la Russie en 1892, de se rapprocher de la France (accord du 1ᵉʳ novembre 1902), suivie par l'Angleterre (8 avril 1904). Les manœuvres diplomatiques de Guillaume II pour détacher la Russie de la France et de l'Angleterre restent vaines.

L'année 1911 marque un tournant dans les relations entre l'Allemagne et ses alliés. Elle réussit à renouveler la Triple Alliance avec l'Italie, puis, à l'occasion de la crise dans les Balkans (1912-1913), Guillaume II renforce son entente avec François-Joseph 1ᵉʳ, empereur d'Autriche, en lui promettant son aide militaire en cas de nouveaux problèmes. Au printemps 1914, des accords interviennent entre les états-majors des deux pays. Dans ces conditions, une guerre devient possible.

En résumé, la stratégie des grandes puissances à la veille de la Première Guerre mondiale, sans laisser pressentir l'imminence du conflit, témoigne d'un dynamisme sans limite. Les nations avancées s'arrachent les territoires à conquérir et tentent d'élargir leur influence un peu partout dans le monde. Tout débute par une belle journée de juin 1914. Un mois plus tard, par le jeu des alliances, l'Europe est en guerre. Cette déflagration entraîne dans son sillage d'autres nations, détruisant ce qu'il est convenu d'appeler « la civilisation du XIXᵉ siècle ».

1. L'Europe jusqu'en 1918

La Grande Guerre (1914-1918)

Avec le déclenchement de la Première Guerre mondiale, des millions d'hommes sont jetés sur des champs de bataille. Ce qui était considéré, au départ, comme une « promenade de santé » se transforme petit à petit en un véritable cauchemar. La tragédie commence à Sarajevo.

L'attentat de Sarajevo et le déclenchement de la Première Guerre mondiale

Le syndrome de la balkanisation

L'attentat de Sarajevo est dû aux agissements d'un petit groupe de nationalistes bosniaques, bénéficiant de l'aide d'une société secrète : la main noire. Celle-ci est dirigée par le chef de renseignements de l'état-major serbe, le colonel Dragutin Dimitrievic. L'objectif de cette société occulte est d'obtenir l'indépendance politique de la Serbie, pays sous tutelle de l'Empire austro-hongrois. Collaborer à l'assassinat d'un membre de la dynastie des Habsbourg est une manière de porter un coup de plus à l'Autriche-Hongrie. De là à provoquer un cataclysme en série... C'est bien tout le problème. Comment passe-t-on d'un fait relatif à l'histoire mouvementée des Balkans à un fait historique majeur ?

La logique guerrière des alliances

En 1914, l'Autriche est liée à l'Allemagne de Guillaume II par un traité diplomatique et militaire : la Triplice. De leur côté, Français et Anglais se sont rapprochés depuis l'issue de la crise franco-anglaise de Fachoda (accord de 1898). Par ailleurs, grâce au ministre français des Affaires étrangères, Delcassé, une Triple Entente (1907) unit la France, la Grande-Bretagne et la Russie. L'Italie, quant à elle, bien qu'elle adhère officiellement à la Triple

Histoire du XXᵉ siècle

Alliance (Triplice), a signé un accord secret de neutralité en cas de conflit avec l'Allemagne (1902).

L'assassinat de l'archiduc François-Ferdinand

Le 28 juin 1914, François Ferdinand et son épouse sont en visite officielle à Sarajevo. Gavrilo Princip, membre du groupe nationaliste bosniaque, profite d'un ralentissement de la voiture où se trouve l'archiduc pour faire feu sur ses occupants. Pendant son procès (12 au 29 octobre 1914), le jeune nationaliste réaffirme son idéal de voir naître une union de tous les Yougoslaves. Il déclare lors d'une audience que le terrorisme est le seul moyen pour parvenir à ce but. Nationalisme et violence sont intimement liés. Gavrilo Princip et deux de ses compagnons meurent en prison vers la fin du conflit.

Les deux blocs en présence

- D'un côté, la Triple Alliance : Allemands, Autrichiens et Italiens, avec la réserve signalée.
- De l'autre, la Triple Entente : Français, Anglais et Russes.

Enfin, la Russie est alliée à la Serbie. Au moment de l'attentat de Sarajevo, les blocs antagonistes se forment par le jeu des alliances :

Le jeu des alliances

- L'Autriche-Hongrie déclare la guerre à la Serbie.
- La Russie se range derrière la Serbie.
- L'Allemagne soutient l'Autriche.
- La France et l'Angleterre assistent la Russie.

La jeune nation italienne fait jouer quant à elle, dans un premier temps, la clause de neutralité prévue dans le traité de Triplice.

1. L'Europe jusqu'en 1918

Le temps des déclarations de guerre et des mobilisations
- 28 juillet : l'Autriche-Hongrie déclare la guerre à la Serbie.
- 31 juillet : mobilisation générale en Russie.
- 1er août : déclaration de guerre de l'Allemagne à la Russie.
- 3 août : déclaration de guerre de l'Allemagne à la France.
- 4 août : déclaration de guerre de l'Angleterre à l'Allemagne.
- 12 août : déclaration de guerre de la France et de l'Angleterre à l'Autriche-Hongrie.

Les principales étapes de la Grande Guerre

Une « guerre fraîche et joyeuse »

Le sentiment général de part et d'autre est que la guerre sera de courte durée. L'enthousiasme et la fougue dominent le camp français. Du côté allemand, l'offensive à l'Ouest, c'est-à-dire contre la Belgique et la France, doit être rapide de manière à permettre à l'armée de se déployer entièrement sur le front de l'Est, contre la Russie.

Les forces armées allemandes

- 1re armée du général von Kluck
- 2e armée du général von Bülow
- 3e armée du général von Hausen
- 4e armée du duc de Wurtemberg
- 5e armée du Konprinz de Prusse
- 6e armée du Konprinz de Bavière
- 7e armée du général von Heeringen

Histoire du XXe siècle

Enfin, les forces allemandes disposent aussi d'un détachement d'armée dirigé par le général von Deimling.

Les forces armées françaises
- 1re armée du général Dubail
- 2e armée du général de Castelnau
- 3e armée du général Ruffey
- 4e armée du général de Langle de Cary
- 5e armée du général Laurezac

Un corps expéditionnaire anglais renforce, à partir du 22 août, les effectifs français.

Un enthousiasme de courte durée

La campagne de 1914 commence par la bataille des frontières. Les sept armées allemandes et les cinq armées françaises suivent des objectifs différents. Les Allemands envahissent la Belgique, tandis que les soldats français pénètrent en Alsace. Mulhouse tombe le 8 août et le 18 du même mois, le général de Castelnau occupe la ligne Delme-Morhange-Sarrebourg. Côté allemand, le général von Kluck occupe Bruxelles, le 20 août. Les 3e et 4e armées allemandes traversent les Ardennes. L'affrontement général entre les deux forces ennemies a lieu le 20 août dans la région de Metz.

À l'autre extrémité de la ligne de défense française, sur l'aile gauche, les 3e et 4e armées se heurtent aux colonnes allemandes dans le Luxembourg belge, les 21 et 22 août. Le terrain boisé se prête mal aux reconnaissances ; l'artillerie manque d'espace et l'infanterie se laisse surprendre à plusieurs reprises. L'armée française est rejetée vers la frontière. Le corps expéditionnaire anglais se heurte, lui aussi, à la machine de guerre allemande (26 août). Le maréchal Joffre, commandant des forces françaises, décrète la retraite.

1. L'Europe jusqu'en 1918

La guerre de mouvements déjouée

La stratégie de guerre allemande est élaborée par le général von Schlieffen, chef d'état-major jusqu'en 1906, et reprise par son successeur, Moltke. Pour se débarrasser de l'armée française, il imagine un plan d'attaque utilisant deux fronts parallèles : l'un effectuant une percée par la Belgique et l'autre traversant la Lorraine, précisément entre Toul et Épinal. L'utilisation de l'artillerie et de l'aviation de manière massive est une condition essentielle pour la réussite de cette opération. Autrement dit, l'armée allemande mise, au départ, sur la rapidité d'exécution de l'offensive et l'efficacité des moyens militaires. Malheureusement pour eux, cette guerre de mouvements se transforme très rapidement en une guerre de positions ou encore de tranchées.

La bataille de la Marne (6-13 septembre 1914)

L'armée allemande continue sa progression en direction du Sud. Son objectif consiste à pourchasser l'armée française et elle s'enfonce à marche forcée dans le couloir délimité par les places fortifiées de Paris et de Verdun. Le général Joffre l'attend de pied ferme. La bataille de la Marne popularisée par l'épisode des taxis débute le 6 septembre 1914. L'offensive française étonne les Allemands, qui se ressaisissent très rapidement. L'armée de Foch, située au centre du dispositif, affronte avec succès la 3ᵉ armée allemande. Il en est de même pour l'ensemble des forces françaises engagées dans la bataille. Et le 9 septembre, l'armée allemande bat en retraite. Elle se fixe un peu plus loin, en aval de Verdun, entre l'Oise et la Meuse.

La fin de la campagne de 1914

Elle se termine par la bataille de Flandre, vaste manœuvre allemande destinée à rejoindre la côte (Calais et Dunkerque). À la fin du mois de novembre, toutes les tentatives des Allemands pour encercler l'armée française ont échoué. Après la guerre de mouvements commence une guerre de position appelée aussi guerre des tranchées. Chaque camp doit faire face à la dure réalité d'une guerre que l'on pressent longue et meurtrière.

Histoire du XXᵉ siècle

Défaites russes sur le front de l'Est (1914)

L'armée russe mobilise en un peu plus d'un mois six millions d'hommes sous le commandement du grand-duc Nicolas. La première offensive est déclenchée le 17 août en Prusse orientale. Les troupes russes sont battues par les armées de Ludendorff et d'Hindenburg à Tannenberg (26 au 29 août) et aux lacs Masures (7-15 septembre). La 2ᵉ armée de Samsonov est défaite, tandis que la 1ʳᵉ armée de Rennenkampf effectue une retraite sans gloire. De nombreuses raisons expliquent l'échec russe, notamment des problèmes d'intendance (équipements insuffisants) et de préparation militaire.

Guerre des tranchées sur le front de l'Ouest (1915-1916)

Sur le front occidental, la guerre des tranchées s'installe pour plus de trois ans sur une ligne allant approximativement d'Ypres à Verdun. Les hommes vivent sous terre à proximité de l'ennemi. Cette vie précaire, monotone et sans hygiène est ponctuée par des assauts meurtriers, que ce soit du côté français ou allemand. Par ailleurs, le front de l'Ouest va connaître pendant les années 1915 et 1916 plusieurs batailles dont une des plus meurtrières du conflit, la bataille de Verdun. De même, les Allemands expérimentent pour la première fois depuis le début des hostilités, une nouvelle arme particulièrement efficace, les gaz asphyxiants. De leur côté, les Alliés innovent en utilisant des tanks.

Le témoignage d'un poilu

« 26 décembre 1914. Le combat a continué hier et cette nuit et a été épouvantable. Les nôtres étaient à quelques mètres des Allemands et l'on s'est battu à coups de pioche et de crosse. Les Allemands ont attaqué avec des pulvérisateurs pleins d'essence qu'ils enflammaient à la sortie du tube. Les hommes étaient dans un tel état qu'ils se sont lancés sur l'ennemi comme des enragés ; ils ont tout tué et on les voyait jeter les cadavres des Boches hors des tranchées : c'était inouï d'horreur. »

1. L'Europe jusqu'en 1918

Une sinistre innovation : les gaz toxiques

L'armée allemande utilise des gaz asphyxiants, le 22 avril 1915 à Langemark près d'Ypres, en Belgique. Des tubes disposés régulièrement tout au long du front, sur 6 km, laissent échapper des vagues de chlore, de couleur jaunâtre, qu'un vent d'ouest pousse vers les lignes alliées. L'effet est foudroyant. Faute de protection adéquate, des milliers d'hommes meurent presque instantanément. Toutefois, le procédé est également dangereux pour les Allemands qui ne possèdent pas de masque de protection. L'expérience initiale est renouvelée à plusieurs reprises et provoque l'indignation de la communauté internationale. L'état-major français décide de fabriquer des masques dont l'efficacité ne deviendra probante que l'année suivante.

L'enfer de Verdun

Les troupes s'installent dans une guerre de position. Côté français, Joffre programme plusieurs opérations militaires pour tenter de débloquer la situation (15 février-18 mars et 25 septembre-11 octobre). Les pertes alliées sont importantes et les Allemands en profitent pour lancer une vaste attaque dans la région de Verdun, appuyée par l'artillerie lourde et l'aviation. L'état-major français doute d'une grande offensive ennemie. D'ailleurs, pourquoi Verdun ? Cette région fortifiée dirigée par le général Herr représente une voie d'accès vitale pour la défense de la France. Pour économiser des effectifs, les responsables allemands décident de pilonner systématiquement la place, à l'aide de 600 canons lourds à tir rapide. Dès le début des hostilités, Verdun est un enfer. Les Français sont cloués au sol. En outre, l'aviation française est gênée dans ses missions de reconnaissance par les appareils allemands.

Une bataille nationale

Les pertes françaises sont sérieuses (25 000 morts les six premiers jours !). Joffre réclame des renforts aux Anglais et confie le champ de bataille à Pétain. Celui-ci organise la résistance à l'ennemi en obtenant de l'artillerie lourde et des avions de chasse. Huit escadrilles s'illustrent à Verdun avec, dans l'une d'elles, le célèbre aviateur Guynemer.

> ### Le martyrologe de la Grande Guerre
>
> D'un point de vue humain, Verdun est une véritable « boucherie » : 360 000 soldats français y trouvent la mort contre 335 000 côté allemand.

Enfin, l'un des symboles de cette guerre impitoyable, le fort de Douaumont, est repris par les Français, au mois d'octobre. Doit-on dire comme certains auteurs que les Français « ont tenu bon dans l'apocalypse » ? À n'en pas douter, Verdun restera dans la mémoire collective comme un acte héroïque de toute une armée contre l'envahisseur prussien !

Un front arrière et avant

Comme toutes les autres grandes nations en guerre, la France découvre, au fil des mois, une réalité économique à laquelle elle n'a pas été préparée. Partout dans les usines, la main-d'œuvre masculine vient à manquer. Le gouvernement fait appel au travail féminin et aux travailleurs étrangers. Les conditions de vie ne sont pas faciles.

« La sale guerre »

Par ailleurs, à partir de 1915, une opposition à la guerre commence à s'élever un peu partout. L'enthousiasme des premiers mois a fait place à une sale guerre qui s'enlise chaque jour un peu plus. Dans ces conditions, est-il bien nécessaire de continuer les combats ? Ainsi, en 1916, malgré l'offensive alliée dans la Somme (juillet-octobre), la victoire est loin d'être acquise dans un camp comme dans l'autre. Les responsables des états-majors allemand et français en subissent le contrecoup. Hindenburg et

1. L'Europe jusqu'en 1918

Ludendorff remplacent Falkenhayn, successeur de Moltke (29 août) et Joffre cède la place au général Nivelle (3 novembre).

Une nouvelle arme de guerre : les tanks

Enfin, les tanks font leur apparition sur les champs de bataille, précisément pendant la bataille de la Somme (septembre). L'idée vient de Churchill, mais les premiers spécimens expérimentés sur le terrain s'avèrent trop lourds, et une mauvaise coordination avec l'infanterie les rend inefficaces. Ils sont donc remplacés par de nouveaux chars plus légers pendant la deuxième bataille de la Marne, en 1918. Cette fois-ci, c'est un succès.

L'étau turc en Orient

En 1915, la guerre s'étend à l'Orient. À vrai dire, les Turcs entrent en guerre au côté des Allemands dès le début du conflit. Leur objectif est de conquérir l'Égypte, la Perse et de s'ouvrir les portes de l'Inde. Guillaume II encourage ce projet, en espérant même un soulèvement généralisé des peuples colonisés. Sur le plan géopolitique, l'arrivée des Turcs dans le conflit a pour conséquence la fermeture du détroit des Dardanelles, rendant impossible l'accès à la mer Noire. Enfin, le Kaiser caresse le projet d'éliminer les petits peuples balkaniques. Le sort de la guerre semble se jouer dans cette région, puisque le front de l'Ouest est stabilisé et que les Russes opposent une résistance à l'Est.

La bataille des Dardanelles

Au début de l'année 1915, l'objectif des Alliés est de rendre à nouveau accessible le détroit des Dardanelles, long corridor maritime de 70 kilomètres et large de sept kilomètres. Mais l'artillerie allemande veille. L'opération militaire est préparée par Winston Churchill, premier lord de l'Amirauté britannique. La flotte est composée de cuirassés français (*Bouvet, Gaulois, Charlemagne, Suffren*) et anglais (*Queen Elizabeth, Agamemnon, Inflexible, Lord Nelson*). Elle attaque le 18 mars 1915 l'entrée du

Histoire du XXᵉ siècle

détroit, mais très vite plusieurs navires sont touchés. Finalement, l'expédition est un échec. On dénombre plus de 240 000 soldats tués ou blessés. Winston Churchill est obligé de démissionner du gouvernement.

Une Méditerranée allemande

Indécise jusqu'ici, la Bulgarie se range du côté des Allemands. Allemands et Bulgares envahissent la Serbie en octobre 1915. Un corps expéditionnaire franco-britannique débarque à Salonique (Grèce) pour porter secours aux Serbes, mais il arrive trop tard. Par ailleurs, l'Italie, pays neutre depuis le 3 août 1914, déclare la guerre à l'Autriche le 23 mai 1915, ouvrant ainsi un nouveau front au sud de l'Europe. Enfin, la Roumanie se range aussi du côté des Alliés, en août 1916. À la fin de cette période, l'Allemagne n'est plus seule. Elle domine la Méditerranée. La guerre continue…

Le prix de la victoire

Le tournant du conflit se situe en 1917, avec l'entrée en guerre des États-Unis. Jusqu'ici, les Américains s'étaient tenus loin des champs de bataille. Toutefois, en 1915, la marine allemande coule deux navires américains : le *Lusitania* (7 mai) et l'*Arabic* (19 août). L'Amérique proteste à chaque fois, mais reste neutre.

L'Amérique en guerre

Deux événements vont pousser les Américains à entrer dans la guerre. En premier lieu, l'état-major allemand décide d'établir un blocus des îles britanniques et de la mer du Nord, ainsi que de couler tous les navires croisant dans cette zone. L'Allemagne déclare la « guerre sous-marine à outrance » (1ᵉʳ février 1917). En second lieu, la Maison Blanche prend connaissance d'un télégramme émanant du secrétaire d'État aux Affaires étrangères allemand, Zimmermann, invitant le Mexique à entrer en guerre contre les États-Unis. Le 2 avril 1917, l'Amérique entre en guerre à son tour, et engage près de deux millions d'hommes. Le président Wilson

1. L'Europe jusqu'en 1918

nomme le général Pershing chef de l'American Expeditionary Force (AEF). La première division américaine débarque à Saint-Nazaire, le 26 juin 1917.

Mutineries sur le front de l'Ouest

Sur le front de l'Ouest, l'armée française traverse, en 1917, une grave crise morale due à l'horreur de la guerre des tranchées et aux vicissitudes d'un conflit qui s'éternise. Ce malaise au sein des troupes en campagne se traduit par des mutineries et déclenche de la part des autorités militaires une vague de répression. Quels sont les faits ? Les archives militaires parlent de refus collectifs d'obéissance. En clair, certains bataillons refusent de regagner les premières lignes. Les poilus manifestent ainsi leur mécontentement envers une hiérarchie qui promet la fin de la guerre, tout en envoyant de nombreux soldats se faire tuer inutilement.

La crise morale des poilus

Les poilus n'ont plus confiance dans la hiérarchie militaire. Cette vague de mutinerie est localisée dans la région délimitée par Soissons, Reims et Épernay. Le premier refus d'obéissance a lieu le 17 avril 1917 à Aubérive, le lendemain de la première offensive sur le Chemin des Dames. Il est vrai qu'en trois jours de combat, l'armée française perd 40 000 hommes ! De quoi faire réfléchir le plus vaillant des soldats.

Une répression impitoyable

La vague de protestation dure jusqu'au 7 juin. Un peu avant, Philippe Pétain est nommé général en chef des forces françaises sur le front Nord-Est. C'est à ce titre qu'il est chargé de prendre des mesures de rétorsion contre les protestataires. Les archives révèlent que 3 500 arrêts sont rendus à la suite des mutineries dont 554 condamnations à mort ; 1 131 mutins sont condamnés aux travaux forcés ou à de longues peines de détention. Parmi les condamnés à mort, on dénombre une grande majorité de cultivateurs n'ayant rien à voir avec un quelconque mouvement idéologique, pacifiste ou autre. La sévérité des sanctions ramène rapidement l'ordre dans les rangs. Toutefois, le problème demeure : les hommes sont fatigués par la guerre.

L'armistice

Entre mars et juillet 1918, l'état-major allemand lance plusieurs grandes offensives, dont une contre Reims. C'est un échec. Le 8 août, lors de l'attaque alliée de Montdidier, les Allemands sont obligés de battre en retraite. Conscient du danger, l'état-major contraint le gouvernement à rechercher une solution honorable pour l'Allemagne. En septembre 1918, l'effondrement de l'Autriche confirme le succès militaire des Alliés. Auparavant, en janvier 1918, le Président américain avait présenté au Congrès un plan de paix en quatorze points. Le chancelier allemand, Max de Bade, accepte les propositions du président Wilson comme base de négociation en vue d'un armistice. Le processus de paix est enclenché dès le mois de novembre.

Les trois grands principes du plan américain

- Une réduction générale des armements visant principalement l'Allemagne.
- Le droit des peuples à disposer d'eux-mêmes.
- La création d'une Société des Nations, à laquelle les Américains ne participeront pas.

Les clauses du traité de Versailles sont rédigées par les quatre pays vainqueurs (France, Grande-Bretagne, Italie, États-Unis). Wilson est assisté de Clemenceau, Orlando et Lloyd George. Finalement, le traité est imposé à l'Allemagne. C'est en ce sens que l'on parle du « diktat de Versailles ».

1. L'Europe jusqu'en 1918

Georges Clemenceau (1841-1929)
Le « Tigre », comme on le surnommait dans sa jeunesse, est né le 28 septembre 1841, en Vendée, dans la commune de Mouilleron-en-Pareds. Médecin de formation, ses idées républicaines et ses démêlés avec les autorités le poussent à s'installer aux États-Unis. Marié à une Américaine, Mary Plummer, il revient en France en 1869 et commence une carrière politique l'année suivante. Il devient député de Paris en 1876 et dirige par la suite le journal L'*Aurore* (où Zola publie son fameux *J'accuse…* ! lors de l'affaire Dreyfus). Homme d'opposition et « tombeur de ministères », il doit attendre l'automne 1906 pour diriger son premier ministère, l'un des plus longs de la IIIe République (25 octobre 1906-20 juillet 1909). Il revient aux affaires en novembre 1917 pour s'illustrer au moment de l'armistice. Clemenceau devient en 1918 « Le père de la victoire ».

Le traité de Versailles

L'Allemagne perd environ 10 % de son territoire et 11 % de sa population. L'Alsace et la Lorraine reviennent à la France. La Pologne devient un pays indépendant avec accès à la mer. En outre, la Sarre est détachée du Reich pendant 15 ans. Le traité de Versailles est complété par ceux de Saint-Germain mettant fin à l'Empire austro-hongrois et de Neuilly concernant la Bulgarie.

La lourde hypothèque des battus

Sur le plan économique, l'Allemagne reconnaît son entière responsabilité et doit des réparations aux pays vainqueurs. Cette clause considérée comme exorbitante par certains négociateurs du traité, John Maynard Keynes par exemple, explique, en partie, l'esprit de revanche du peuple allemand et le déclenchement de la Seconde Guerre mondiale. Enfin, l'article 8 du traité impose un désarmement à l'Allemagne et l'interdiction de posséder une armée opérationnelle.

Histoire du XXe siècle

La situation de la Russie en 1917

La faim et la souffrance provoquent en Russie, en février 1917, une crise sociale et politique très grave. Le processus révolutionnaire débute en mars 1917 (février pour le calendrier julien). Devant les difficultés économiques et sociales, le gouvernement russe s'attend à des conflits avec la classe ouvrière. L'armée est prête à intervenir. Les premiers incidents éclatent à Petrograd où les Bolcheviques déclenchent une grève générale.

La révolution bolchevique

Devant la dégradation de la situation, le tsar Nicolas II donne l'ordre au commandant de la garnison, Khabalov, d'intervenir militairement pour faire cesser les troubles. Mais les régiments de la Garde nationale hésitent à tirer sur le peuple russe. Le 12 mars, les soldats s'allient aux insurgés. La ville est prise d'assaut. Le drapeau rouge flotte sur la capitale. On observe un phénomène identique à Moscou. Le Tsar pressé par son entourage est obligé d'abdiquer, le 16 mars. C'est alors que Vladimir Illich Oulianov dit Lénine entre en scène !

> *Lénine (1870-1924)*
> Né en avril 1870 à Simbirsk, il est issu d'une famille de la petite bourgeoisie. L'un de ses frères est tué par les soldats du tsar, en mai 1887. Il étudie le droit et devient avocat. À Saint-Pétersbourg, il se lie à des marxistes et milite activement pour la cause ouvrière. En 1900, Lénine doit se réfugier en Suisse. Il fait part de son opposition à l'autre tendance révolutionnaire constituée par les Mencheviques, lesquels souhaitent faire passer le socialisme par une démocratie bourgeoise. Pour Lénine, au contraire, la révolution doit être prolétarienne avant tout. Mais pour ce faire, la classe prolétarienne doit avoir une organisation solide, pour éviter que ne se répète l'échec de la révolution de 1905 en Russie. Son objectif consiste à édifier un parti communiste. Par ailleurs, en Suisse, il analyse la Première Guerre mondiale comme étant un conflit entre pays impérialistes. À

1. L'Europe jusqu'en 1918

> Petrograd en avril 1917, Lénine fait donc adopter un « Décret sur la paix » et engage des négociations en vue d'un traité de paix avec l'Allemagne. Il se prépare ensuite à poursuivre son seul objectif : la révolution bolchevique.

Le brutal acte de naissance du XXe siècle

Au lendemain du traité de Versailles, l'Europe se réveille meurtrie par quatre années de conflit. Les grands pays en guerre (France, Allemagne, Grande-Bretagne, Autriche-Hongrie, Russie, etc.) totalisent près de 8 millions de morts et 20 millions de blessés, et des pertes matérielles considérables. En réalité, cette guerre marque le déclin de l'Europe, l'ascension des États-Unis et la régénération de la Russie par le biais de l'idéologie communiste. Le sort du monde ne sera plus le même, car avec l'année 1919 commence véritablement la « civilisation du XXe siècle », c'est-à-dire une ère de profondes mutations et de grands désordres.

Chapitre 2
L'entre-deux-guerres

La vie politique allemande

14 octobre 1917, près du village de Werwick sur le front belge, le 16ᵉ régiment bavarois de réserve est soumis au feu de mitraille de l'artillerie britannique. Les soldats allemands, fatigués et traumatisés par les gaz, se terrent dans les tranchées, le masque collé au visage. Le lendemain matin, les bombardements d'explosifs et de gaz recommencent, aveuglant certains soldats, en tuant d'autres. Parmi les rescapés de cet enfer, on note la présence d'un petit caporal : Adolf Hitler. Pour l'heure, on l'évacue avec d'autres, en train, vers l'hôpital de Pasewalk (Poméranie). L'heure de la reddition allemande n'est plus très loin ! Hitler deviendra, par la suite, le symbole de la revanche sur la capitulation.

La révolution allemande de 1918-1919

En 1918, les Allemands portent l'entière responsabilité de la Première Guerre mondiale. Toutefois, nombre de combattants estiment avoir été lâchés par les forces réactionnaires de l'arrière, mettant même en cause l'incompétence de leur état-major. Parallèlement, les forces conservatrices apeurées par les échos de la révolution bolchevique en Russie laissent un gouvernement socialiste diriger le IIᵉ Reich. Dans le même temps, les forces révolutionnaires allemandes entrent en conflit avec le nouveau pouvoir. Quel est l'état des forces politiques en 1918, en Allemagne, à la veille de la Révolution ? Et quelles sont les grandes phases du processus révolutionnaire ?

Histoire du XXe siècle

L'état des forces politiques en Allemagne

Après quatre années de guerre, le sort de l'Allemagne est confié à un membre de la famille impériale : Max de Bade. Très vite, il comprend que ni la monarchie impériale ni les forces conservatrices, dont fait partie l'armée, ne pourront endiguer la montée des mécontentements et la poussée révolutionnaire. Il passe donc le relais à la seule force susceptible d'endiguer ce mouvement : le parti socialiste allemand ou SPD (*Sozial-demokratische Partei Deutschlands*) dirigé par Friedrich Ebert (1875-1925).

Les socialistes allemands

Si puissants avant la guerre, ils se trouvent toutefois divisés, en 1918, en trois tendances :
- Le SPD demeure la structure majoritaire à gauche. Ce mouvement représente la social-démocratie, c'est-à-dire une tendance réformiste, hostile à l'idée de révolution surtout de type bolchevique.
- L'USPD rassemble des socialistes minoritaires exclus du SPD en 1917, parce qu'ils refusaient de voter les crédits de guerre. En 1921, l'USPD disparaît, absorbée en partie par le KDP (parti communiste allemand) et le SPD.
- Les spartakistes (du nom de l'esclave romain Spartacus) forment une fraction d'extrême gauche représentant l'aile politisée de l'USPD. C'est par eux que vient la tempête, car ils sont avant tout internationalistes. Les leaders du mouvement spartakistes sont Karl Liebknecht (1871-1919) et Rosa Luxemburg (1870-1919).

Les autres principaux partis politiques allemands

- Le *Zentrum* ou parti du centre catholique qui comprend à la fois de grands agrariens et de petits paysans.
- Le parti démocrate (Deutsche Demokratische Partei). Sa clientèle est celle de la petite bourgeoisie libérale dans laquelle milite, par exemple, le grand sociologue Max Weber.

2. L'entre-deux-guerres

- Enfin, à l'extrême droite, on trouve notamment le NSDAP ou parti nazi (Nationalsozialistische Deutsche Arbeiterpartei). C'est le futur parti d'Adolf Hitler, appelé à dominer l'Allemagne dans les années 1930.

Un processus révolutionnaire inédit

En 1918, la peur du bolchevisme traverse quasiment toute l'élite politique allemande. Pourtant, un profond mécontentement agite les milieux ouvriers en Allemagne. La rencontre de ces deux tendances, apparemment contradictoires, fait naître une révolution à l'issue très particulière. En effet, les désordres sociaux débutent dans les chantiers de Kiel, le 3 novembre 1918. À l'origine, il n'est pas question de révolution, mais de revendications bien ciblées, telles que l'armistice ou l'abdication de Guillaume II.

La journée du 9 novembre 1918

Sous l'action des leaders socialistes et révolutionnaires, notamment des spartakistes, le mouvement s'étend à d'autres villes allemandes (Stuttgart, Munich, Leipzig, Hanovre, Cologne, etc.) et devient plus politisé. Le 9 novembre 1918, Guillaume II abdique et se réfugie en Hollande, laissant son entourage discuter avec le Président Wilson des conditions de la paix. Puis le pouvoir passe du camp impérial aux socialistes.

Par ailleurs, le même jour, le mouvement révolutionnaire entre dans sa phase décisive. Des milliers d'ouvriers encadrés par des spartakistes et des socialistes indépendants, se dirigent vers le centre de Munich. Dans le milieu de l'après-midi, le drapeau rouge flotte sur la capitale allemande. Ebert ne cache pas son indignation, d'autant que, quelques instants plus tôt, Liebknecht vient de proclamer la « *République socialiste libre* ».

La main de fer des sociaux-démocrates

La journée du 9 novembre cristallise des aspirations contradictoires. D'un côté, le SPD assure la réalité du pouvoir en ne remettant pas en cause le système politique allemand. De l'autre, les socialistes révolutionnaires estiment que c'est le point de départ d'un processus plus large qui est né

# Histoire du XXᵉ siècle

le mois précédent, en Russie, sous l'impulsion de Lénine. Cet antagonisme va se résoudre dans l'élimination physique des leaders du mouvement spartakiste. Par ailleurs, les sociaux-démocrates doivent faire face à des tentatives de coups d'État militaires, qui sont écrasés impitoyablement. L'Allemagne est mise au pas par les sociaux-démocrates. L'un d'eux, Friedrich Ebert devient le premier président de la République de Weimar (de 1919 à 1925).

De Weimar à Hitler

L'État allemand a bien du mal à maîtriser les innombrables remous occasionnés tant par la poussée du communisme que par les clauses du traité de Versailles. Le nationalisme devient une réponse politique à une situation particulière.

Internationalisme *versus* nationalisme

L'internationale révolutionnaire

Cette situation révolutionnaire n'est pas propre à l'Allemagne. Le 2 mars 1919, Lénine souhaitant provoquer une « révolution mondiale » réunit à Moscou une conférence internationale qui prend le nom de IIIᵉ Internationale ou Kominterm. Il s'agit dans un premier temps d'aider les révolutionnaires européens à se structurer dans un cadre commun. Zinoviev prend la tête de cet organisme. Les Soviétiques souhaitent ainsi profiter de la situation mondiale (crise économique de 1919 à 1923) pour exporter la révolution dans tous les pays. Et de fait, le mécontentement est général en Europe car lié aux conséquences de la guerre et à la vie chère. La révolution de Béla Kun en Hongrie (21 mars 1919) et les mouvements sociaux en Italie s'inscrivent dans ce mouvement révolutionnaire.

2. L'entre-deux-guerres

La réaction

Pour contrer cette tendance, on voit apparaître en Allemagne des groupes extrémistes situés dans la mouvance de la Reichswehr (armée allemande), tels que les corps francs encore en action jusqu'en septembre 1919. On note aussi l'action de partis officiels comme le DVP ou le DNVP. Les crises politiques prennent la forme d'une tentative avortée de putsch fomentée par un haut fonctionnaire, Kapp, en mars 1920, ou encore les assassinats de personnalités de premier plan comme les ministres Erzberger (août 1921) et Rathenau (juin 1922). Tous ces désordres sociopolitiques sont aggravés par les dispositions du traité de Versailles défavorables à l'Allemagne.

La politique de la République de Weimar

L'Assemblée de Weimar accepte par vote du 22 juin 1919 presque toutes les dispositions du traité de Versailles. De même, sous l'impulsion du ministre des Affaires étrangères, Walter Rathenau, l'Allemagne s'engage dans une nouvelle politique dite d'exécution du traité (*Erfullungspolitik*), tout en cherchant une solution diplomatique pour alléger le fardeau des réparations qui lui incombent.

L'occupation de la Ruhr

En 1923, les relations de l'Allemagne et de certains pays vainqueurs, comme la France et la Belgique, se dégradent. Le 11 janvier 1923, les troupes françaises et belges occupent la Ruhr, au motif que les Allemands ne remplissent pas leurs obligations issues du traité. Le 19 du même mois, le gouvernement allemand proclame la résistance passive, tout en espérant trouver une solution honorable au conflit.

Histoire du XXe siècle

Le problème des réparations de guerre

Cette décision coercitive vis-à-vis de l'Allemagne isole la France. Son président du Conseil, Raymond Poincaré, est finalement obligé d'assouplir sa position et engage des négociations avec son homologue allemand Gustav Stresemann. Les plans Dawes (1924) et Young (1929) apportent des solutions provisoires au problème des réparations tout en tâchant de permettre à l'Allemagne de relever son économie. Pendant ce temps, le petit parti d'Adolf Hitler, le NSDAP, suit son chemin vers la conquête du pouvoir.

Hitler et l'ascension des nazis

Au lieu d'être adulés, les combattants de 1914-1918 sont rejetés par la société allemande qui ne pense qu'à la paix. Quant à l'armistice, il est ressenti chez beaucoup de patriotes comme une insulte suprême envers le sacrifice de millions d'hommes !

> *Adolf Hitler jusqu'en 1917*
> Adolf Hitler est né à Braunau (Autriche) le 20 avril 1889. Il perd ses parents assez tôt et, souhaitant devenir artiste peintre, s'installe à Vienne, en 1908. Il n'a pour tout viatique qu'une modeste pension. En 1913, Adolf Hitler quitte Vienne pour Munich (Bavière) avec l'intention d'y étudier l'architecture, meublant ses loisirs en étudiant le marxisme.
> Au moment de la Première Guerre mondiale, Hitler obtient de Louis III de Bavière l'autorisation de s'engager dans l'armée allemande comme volontaire. Le 7 octobre 1916, Hitler est blessé par un obus et évacué vers un hôpital militaire à Berlin. Il semble que dès lors la peur des Juifs et des communistes devienne une obsession chez Hitler comme chez beaucoup de soldats démobilisés.

2. L'entre-deux-guerres

Les débuts d'un activiste

Quand il quitte l'hôpital militaire de Pasewalck, fin 1918, Hitler se porte volontaire pour être gardien dans un camp de prisonniers. Juste après la signature du traité de Versailles, le 28 juin 1919, Hitler est recruté par la Reichswehr et affecté au bureau chargé d'enquêter sur les activités politiques subversives des troupes. À cet effet, il suit des cours d'endoctrinement à l'Université de Munich. Son travail consiste à enquêter sur certaines organisations extrémistes. En septembre 1919, à la demande du général Ludendorff, il infiltre un petit groupe politique : le Parti ouvrier allemand ou Deutsche Arbaiterparti (DAP), fondé par Anton Drexler. Hitler en devient un adhérent actif, avec pour mission de le réorganiser.

Un meneur d'hommes

Très rapidement, avec force discours et propagande, Hitler agrandit l'audience du DAP. Il en profite pour le doter d'un programme en 25 points, profondément antisémite et anticapitaliste. Dans le même temps, il fait la connaissance d'Ernst Rohm, capitaine dans l'armée allemande, et de Dietrich Eckert, écrivain. Enfin, le 31 mars 1920, Hitler est démobilisé sur ordre de ses supérieurs pour faciliter son ascension politique au sein du petit parti qui, la même année, prend définitivement le nom de NSDAP ou parti national-socialiste des ouvriers allemands (Nationalsozialistische Deutsche Arbeiterpartei).

Le tremplin du NSDAP vers le pouvoir

Au mois de décembre 1920, le NSDAP fait l'acquisition d'un journal en difficultés, le *Beobatcher*, qui devient l'organe officiel de la propagande du parti. Par ailleurs, fort de ses succès oratoires, Hitler se rapproche du gouvernement bavarois hostile à la République de Weimar, et devient un leader politique à part entière. Cette brusque ascension inquiète les autorités allemandes. Contraint de partager la direction du NSDAP, Hitler provoque une crise interne afin d'obtenir la totalité des pouvoirs, en application du principe du *Fuhrerprinzip* (principe de l'obéissance absolue au chef). Puis il crée une section d'assaut : la SA (Sturmabteilung) dirigée par Rohm.

Première tentative de putsch

Vers la fin de l'année 1923, prenant pour prétexte l'inflation et la misère des ouvriers, Hitler décide de renverser le gouvernement du Reich. Pour cela, il lui faut l'appui, même forcé, du triumvirat qui dirige la Bavière. Aidé par des militants de son parti et de certaines personnalités extérieures comme Ludendorff par exemple, il organise une insurrection armée pour la nuit du 8 au 9 novembre 1923. Hitler envisage de prendre les grandes villes de Bavière, étape préliminaire avant la grande marche sur Berlin. Le putsch échoue. L'armée reprend la situation en main et arrête Hitler et ses complices.

La version hitlérienne du « combat » : Mein Kampf

Condamné à cinq ans de prison, il y séjourne neuf mois pendant lesquels il écrit la première partie de *Mein Kampf* (« Mon combat »). Jusqu'en 1929, le NSDAP est un parti essentiellement bavarois. À partir de l'application du plan Young (été 1929), le parti nazi se transforme en un véritable mouvement à vocation nationale. Ainsi, le parti remporte-t-il les élections au Reichstag de 1930 et surtout de 1932. Malgré ses succès électoraux, Hitler sait qu'il ne pourra conquérir le pouvoir que d'une manière légale. Mais le vieux président Hindenburg, qui n'apprécie guère le petit caporal autrichien, veille au grain...

L'Allemagne en danger !

La prise de pouvoir d'Hitler s'élabore par touches successives. Après son succès électoral de 1930 comme chef du parti nazi, il exige d'être nommé chancelier. Hindenburg refuse, choisissant à sa place des hommes politiques plus modérés comme von Papen, puis le général von Schleicher.

2. L'entre-deux-guerres

Manipulation en tous genres

Mécontent d'être évincé du pouvoir, von Papen propose à Hitler de former un gouvernement de coalition. Après d'âpres discussions, Hindenburg se laisse convaincre et nomme, le 30 janvier 1933, un nouveau gouvernement dans lequel Hitler devient chancelier et von Papen vice-chancelier. La stratégie qui consistait à manipuler Hitler échoue. Dix-huit mois plus tard, le pouvoir en Allemagne a changé de nature : Hitler y exerce une dictature personnelle. Les nazis préparent le terrain. Ils bénéficient de l'argent de la grande industrie à laquelle Hitler a fait quelques concessions.

L'incendie du Reichstag

La propagande dirigée par Goebbels se met en place. Pour mettre définitivement les Allemands de leur côté, les nazis rendent responsables les communistes de l'incendie de l'Assemblée des députés, le Reichstag (nuit du 27 au 28 février 1933). Hitler profite de l'événement pour faire suspendre les libertés individuelles et donner les pleins pouvoirs au gouvernement.

Aux élections du 5 mars 1933, le NSDAP n'obtient pas la majorité des deux tiers pour changer la Constitution de Weimar. Hitler manœuvre les députés catholiques du Zentrum pour obtenir leur appui en vue d'une modification constitutionnelle exceptionnelle. Et l'irréparable est commis. Le 23 mars 1933, la nouvelle coalition vote l'Acte d'habilitation qui donne droit au gouvernement de légiférer pendant quatre ans sans tenir compte du Reichstag. Les socialistes protestent. En vain.

Hitler transfère aussitôt les pouvoirs des länder au Reich et dissout le Reichsrat (Assemblée représentant les länder). Enfin, la loi du 14 juillet 1934 fait du NSDAP le seul parti autorisé. Le tour est joué, l'Allemagne tout entière est entre les mains d'un régime raciste, autoritaire, qui subit la volonté d'un seul homme. Les Juifs allemands sont les premiers à en faire l'amère expérience. Hindenburg meurt le 2 août 1934 après avoir accepté de confier le destin du pays à Hitler.

L'État nazi

Tout en se ménageant des complicités dans l'exercice du pouvoir, il se donne deux objectifs principaux : intensifier la lutte contre les Juifs et conquérir de nouveaux territoires.

Un antisémitisme forcené

Dans *Mein Kampf*, Hitler fait l'apologie des Aryens, peuple mythique ayant vocation, selon lui, à dominer le monde. Mais, pour parvenir à ce but, la race aryenne doit rester pure : « L'Histoire établit avec une effroyable évidence que, lorsque l'Aryen a mélangé son sang avec celui de peuples inférieurs, le résultat de ce métissage a été la ruine du peuple civilisateur. » Hitler vise principalement les Juifs qu'il considère comme formant une « race inférieure » nuisible à l'Allemagne. Dans les faits s'ensuivent nombre de lois et d'exactions dirigées contre la communauté juive allemande.

Un chef de guerre

Par ailleurs, l'État hitlérien s'organise autour de son Führer. Les structures politiques et économiques deviennent plus centralisées. L'objectif est de recomposer un vaste empire allemand en annexant par la force les territoires étrangers comprenant des populations allemandes. L'État nazi prépare l'Allemagne à la guerre. Dès mars 1935, le service militaire obligatoire est rétabli. La jeunesse allemande est encadrée par le parti (jeunesse hitlérienne). Des alliances sont conclues avec l'Italie et l'URSS. La grande offensive nazie commence au mois de mars 1938 avec l'annexion de l'Autriche. Les gouvernements européens ne peuvent empêcher la guerre malgré les accords de Munich (30 septembre 1938), piège grossier tendu par Hitler à ses homologues étrangers.

2. L'entre-deux-guerres

« Le coucou et le Juif »

La jeunesse allemande, pendant les années 1930, fait l'objet d'un endoctrinement systématique de la part des nazis. Ainsi la revue hebdomadaire *Stürmer* dirigée par Julius Streicher, un proche d'Hitler, n'hésite pas à publier des devoirs rédigés par de jeunes écoliers au contenu profondément antisémite. Voici un exemple significatif de cette idéologie raciste : « Chez les oiseaux, le Juif est le coucou. Il lui ressemble beaucoup dans son aspect et son comportement. Son bec arrondi rappelle le nez crochu des Juifs. » La rédactrice, une petite fille âgée de 9 ans, conclut sa petite fable ainsi : « Le Juif, chez les oiseaux comme chez les hommes, est un pique-assiette qui veut devenir riche et gras aux dépens des autres... Mais nous, les humains, nous sommes moins sots que les oiseaux et nous ne nous laisserons pas faire ; nous chasserons l'impudent "coucou" hors de notre pays. ».

Un loup dans la bergerie

La vie politique allemande reflète les désordres de la période de l'entre-deux-guerres. D'une part, la République de Weimar constitue un marché de dupes, les forces réactionnaires n'ayant pas renoncé à abandonner le pouvoir. D'autre part, les sociaux-démocrates allemands représentent, dans un premier temps, un rempart contre l'extension du communisme en Allemagne. Puis les forces conservatrices allemandes, devant la dégradation de la situation économique et politique, misent sur les nazis pour rétablir l'ordre dans le pays. C'est une grave erreur morale et stratégique, d'autant qu'Adolf Hitler cherche à capter le pouvoir pour lui seul. Tous les ingrédients sont réunis pour transformer une grande nation civilisée en un pays de tortionnaires.

Le destin de l'Allemagne et du monde libre qui se joue dans les années trente n'est pas dû au hasard, mais à l'incompétence de l'élite politique occidentale.

Histoire du XXᵉ siècle

La grande crise économique des années 1930

Le cauchemar économique débute en Amérique puis s'étend à l'ensemble du monde industriel, traînant derrière lui son cortège de drames et d'incertitudes. Aujourd'hui, les mécanismes de cette longue et douloureuse crise sont bien connus. Mais à l'époque, quels bouleversements !

Le krach boursier de 1929 à Wall Street

Le jeudi 24 octobre 1929, à la bourse de New York (Wall Street), une vente massive de 13 millions d'actions provoque une crise sans précédent. Personne ne veut acheter ces titres qui brusquement inondent le marché américain. L'événement est soudain et surprend tout le monde d'autant que l'économie américaine avait jusque-là le vent en poupe. D'ailleurs, la bourse de New York était jusqu'au « jeudi noir » le symbole de la prospérité des États-Unis. Pourtant, une analyse du contexte historique nous révèle l'existence de signes avant-coureurs.

Le dynamisme de l'économie et de la société américaines

En novembre 1920, l'Amérique élit son 29ᵉ président. C'est le républicain Warren Gamaliel Harding qui l'emporte. Dans le même élan, le Congrès américain rejette le traité de Versailles. Le pays tout entier se replie sur lui-même pour s'ouvrir à la prospérité. Les années 1920 voient une augmentation de la production et une hausse du niveau de vie de l'Américain moyen. Malgré un léger ralentissement de la croissance démographique, la population des États-Unis compte 105 millions d'âmes au recensement de 1920, dont environ un dixième de Noirs. Le Produit national brut (PNB), c'est-à-dire l'indicateur qui mesure la production, est de 104 milliards en

2. L'entre-deux-guerres

1929 contre 78 milliards en 1919. Enfin, le chômage se résorbe petit à petit. Il passe de 5 millions de personnes en 1921 à 1,5 million en 1926.

L'ascension des classes moyennes

Un vent d'optimisme souffle sur l'Amérique. Le revenu des Américains s'améliore. Les plus nantis délaissent les centres-villes pour les banlieues où fleurissent des maisons individuelles entourées d'arbres et de pelouses bien entretenues. Cette mobilité est rendue possible grâce à la démocratisation de la voiture. À titre d'exemple, la production automobile connaît un *boom* sans précédent passant d'à peine 2 millions de véhicules en 1920 à 4,5 millions l'année du krach boursier, soit une voiture pour cinq habitants. L'accès au confort matériel est aussi un des traits dominants de ces nouvelles classes sociales grâce au développement de l'électricité et du crédit.

Une société de loisirs

La femme américaine s'émancipe. Délivrée des tâches ménagères les plus ingrates, elle consacre plus de temps à ses loisirs. Par ailleurs, la radio fait son apparition dans de nombreuses familles. En 1926-1927, deux grands réseaux nationaux sont créés : NBC (National Broadcasting Coy) et CBS (Columbia Broadcasting System). Le cinéma, quant à lui, connaît une profonde mutation. Ainsi, en 1927, le *Chanteur de jazz*, premier film parlant, produit par la Warner Brothers, annonce la fin du cinéma muet. De même, la couleur commence à apparaître dans les salles obscures, grâce au procédé Technicolor. L'industrie cinématographique américaine est en plein essor. En 1928, 80 millions d'Américains se rendent, chaque semaine, au cinéma contre 35 millions en 1920.

Une image sociale idéalisée

Le tableau comprend, néanmoins, quelques zones d'ombre. Parmi celles-ci, on observe plusieurs catégories d'exclus comme les fermiers, les

Histoire du XXᵉ siècle

ouvriers et les Noirs qui collent mal à cette image idéalisée mais bien réelle d'une certaine Amérique. De même, le marché américain est puissamment protégé par une législation douanière draconienne. Enfin, l'année 1920 c'est aussi le début de la prohibition. L'Amérique puritaine interdit la vente et la consommation d'alcool (19ᵉ amendement). La loi est abrogée en 1933. Entre-temps, de nombreux gangs dont celui d'Al Capone à Chicago, se livrent aux trafics des boissons alcoolisées.

Les signes avant-coureurs de la crise

La prospérité des années 1920 s'avère finalement toute relative. Plusieurs secteurs économiques connaissent des difficultés sans que cela laisse présager, le moins du monde, l'ampleur de la crise à venir.

Un tableau économique à nuancer

L'industrie de l'automobile enregistre un ralentissement de plus de 20 %, en raison de la saturation du marché.

Le secteur agricole connaît un tassement à cause de la baisse de la consommation intérieure et des effets pervers du protectionnisme. Cela se traduit par une surproduction et un effondrement des prix.

Différents facteurs expliquent cette surproduction : le développement du marché européen, l'utilisation d'engrais chimiques, la mécanisation des exploitations, etc.

Par ailleurs, la situation en bourse mérite que l'on y regarde de plus près.

Les indicateurs de la bourse

L'indice des valeurs en bourse, de base 100 en 1926, passe à 216 en septembre 1929. Ce doublement laisse augurer, tôt ou tard, un réajustement. Cette hausse exagérée des portefeuilles d'actions et d'obligations est favorisée par la politique des grandes firmes. De même, en période d'euphorie économique, la spéculation agit sur les petits porteurs qui sont attirés par des rendements exceptionnels. Lorsque les cours

2. L'entre-deux-guerres

s'effondrent, ils sont les premiers à tout perdre. Cela étant, les historiens de l'économie s'interrogent sur le caractère prévisible ou non de la crise de 1929. Les avis divergent.

La nature cyclique de l'activité économique

Pour certains experts, des phases de dépression succèdent forcément à des périodes d'expansion. Ainsi, on utilise les « cycles Juglar » de 8 ans en moyenne pour expliquer le fonctionnement de l'économie capitaliste. Aux États-Unis, la première crise date de 1921 et touche notamment le secteur agricole ; la seconde qui lui succède en 1929 est plus profonde et surtout plus longue. Par ailleurs, les spécialistes insistent sur le fait que la périodicité des cycles n'est pas rigoureuse. L'amplitude des cycles expansion-dépression ne fonctionne pas mécaniquement. Toutefois, dans ce cas de figure précis, le « point de retournement » de la conjoncture, c'est-à-dire la crise elle-même, correspond bien à la valeur moyenne (8 ans).

Une crise imprévisible...

D'autres historiens citent une autre cause : l'effondrement du système financier international ou Gold Exchange Standard. Selon eux, c'est la prééminence de la monnaie américaine sur la livre sterling qui a provoqué une rupture. Comme la place financière de Londres ne pouvait réguler les investissements internationaux, subissant la concurrence d'autres capitales comme New York et Paris, cela a facilité la spéculation. Cette vision du problème est bien entendu sévèrement contestée par les Américains.

... aux causes objectives

Il n'en demeure pas moins que la désorganisation du marché des capitaux et l'émergence de la puissance américaine dans le domaine de la finance internationale représentent une cause objective sur le plan historique. De fait, dès le mois d'octobre 1929, les autorités américaines lèvent les crédits alloués à l'Europe, provoquant une série de catastrophes en chaîne. En n'injectant plus d'argent frais dans le circuit économique, le gouverne-

Histoire du XXe siècle

ment américain provoque une véritable crise économique qui aurait pu être évitée. Du krach boursier, on passe à une crise d'une autre nature et d'une plus grande ampleur.

Du krach boursier à la crise économique

Le 29 octobre 1929, plus de 16 millions de titres inondent, à nouveau, le marché de Wall Street. Krach boursier au sens classique du terme, la crise de 1929 devient au fil des semaines et des mois une catastrophe économique d'ampleur internationale. Par quels mécanismes ? Comment réagit le pouvoir politique américain face à ce désordre ?

Un système spéculatif à risque

Les cours doivent impérativement monter pour faire du profit et honorer les engagements vis-à-vis des banquiers. À titre indicatif, le volume des prêts effectués par les banques aux agents de change a doublé entre 1927 et 1929 passant de 4 milliards de dollars environ à 8 à la veille du krach.

Le système repose sur une croyance collective en la bonne marche des affaires ; les gros prêteurs doivent s'abstenir, pour une raison ou une autre, de vendre massivement leurs titres. Sinon, c'est la catastrophe. Si le bruit circule que les cours vont s'effondrer, les ordres de vente vont affluer à la bourse faisant effectivement baisser les valeurs. Par principe, en économie, un bien rare est un bien cher. En clair, l'impact psychologique est déterminant dans ce genre de transaction.

Les mécanismes généraux de la crise boursière

La pratique des *call loans* ou d'achat « à la marge » est à l'origine du déclenchement de la crise. Il s'agit d'un mécanisme spéculatif triangulaire principalement en cours en 1928-1929. Un agent de change (*broker*) et son client conviennent d'acheter des titres sans avoir la totalité des fonds. Le client, par exemple, avance 10 % de la somme nécessaire, et l'agent de

2. L'entre-deux-guerres

change en accord avec un banquier amène la différence. En cas de hausse des valeurs achetées, les deux parties se partagent la plus-value.

L'événement qui sert de révélateur à la crise d'octobre 1929 est la faillite d'un homme d'affaires anglais, Clarence Hatry.

Le scénario d'une crise annoncée

Les effets en cascade du krach boursier sur l'activité américaine sont considérables. La ruine des spéculateurs provoque une baisse de la valeur des patrimoines. En effet, les titres sont des actifs ; leur disparition affecte l'équilibre entre l'actif et le passif des porteurs malheureux, c'est-à-dire de nombreux ménages.

Cette perte de valeur entraîne mécaniquement une diminution du pouvoir d'achat et donc une baisse de la demande au plan macroéconomique laquelle provoque à son tour une augmentation des stocks (surproduction), puisque, par définition, les ménages ont moins d'argent à dépenser. Il en résulte une baisse des ventes, et donc des profits, alors que les coûts de production ne diminuent pas.

À terme, on observe un ralentissement du taux d'investissement et une augmentation du chômage puisque les entreprises vendent leur production avec beaucoup de difficultés et sont donc obligées de diminuer leurs coûts en procédant à des licenciements. Or, c'est la production qui engendre des revenus. D'une part, les entreprises accumulent des stocks, donc ne vendent pas. D'autre part, il y a de plus en plus de chômeurs, d'où une baisse des revenus et de la consommation.

La faillite du système bancaire américain

Les banques américaines doivent brusquement faire face à une baisse des dépôts et sont obligées parallèlement de diminuer le volume de leurs aides à l'économie. Dans le même temps, leurs clients en difficultés cherchent des liquidités et font des retraits importants. Tout le monde se précipite à sa banque pour tenter de faire face à ses propres échéances. C'est la panique et les guichets sont obligés de fermer. Cela étant, l'organisation archaïque du système bancaire américain aggrave la crise. En effet, certaines banques sont rattachées au système fédéral, d'autres beaucoup plus nombreuses et surtout plus petites doivent se débrouiller seules, c'est-à-dire sans l'aide de l'État. Du coup, la faillite prévisible des banques est générale en 1933. Pendant ce temps, que font les autorités américaines pour arrêter la catastrophe ?

Les autorités américaines face à la crise

Les spécialistes s'interrogent sur le rôle du Président américain Herbert Hoover. Pourquoi n'est-il pas intervenu plus énergiquement et plus tôt sur le plan économique ? En fait, Hoover est un libéral pour qui l'État doit s'abstenir de toute intervention dans le domaine des affaires. Par ailleurs, le bel optimisme qu'il affiche pendant sa campagne électorale, en 1928, est conforme à la mentalité de l'époque : « En Amérique, aujourd'hui, nous sommes plus près du triomphe final sur la pauvreté qu'aucun autre pays dans l'histoire ne l'a jamais été » (discours du candidat républicain, le 11 août 1928). Dans ces conditions, comment les États-Unis peuvent-ils être à l'origine d'une crise mondiale ?

La version de la crise du Président Hoover

« La Grande Dépression fut un processus en deux étapes, composé de plusieurs phases. Nous eûmes une récession normale due à des causes internes, qui débuta avec le krach boursier d'octobre 1929, mais nous étions en voie d'en sortir quand les difficultés européennes se levèrent avec la force d'un ouragan et nous frappèrent en avril 1931. Ainsi la Grande Dépression n'avait pas vraiment commencé aux États-Unis avant l'effondrement européen. »

2. L'entre-deux-guerres

Toutefois, l'administration républicaine ne reste pas inactive une fois la première stupeur passée. Elle tente d'imiter le gouverneur de New York, F. D. Roosevelt, qui fait distribuer des aides aux chômeurs. Mais le congrès refuse à Hoover les crédits nécessaires. Pourtant, devant la gravité de la situation, le Président américain proclame un moratoire d'un an sur les dettes et les réparations, en juin 1931. Le premier pays à en profiter est l'Allemagne. Profitant de la détresse des chômeurs, le parti nazi augmente ses effectifs. En effet, entre-temps, la crise s'est installée durablement en Europe et constitue un prélude au déclenchement de la Seconde Guerre mondiale.

Une crise à l'échelle du monde industriel

Finalement, peu importe que la crise débute ou non en Amérique puisque, très vite, elle devient une réalité tangible notamment dans l'ensemble des pays industriels et se propage par le biais des échanges internationaux. En outre, le système monétaire international est également mis en cause. Toutefois, les Anglo-Saxons mettent au point des solutions efficaces pour atténuer les conséquences de la Grande Dépression.

Les effets de la dépression économique américaine

L'industrie des États-Unis produit presque la moitié des biens manufacturés de la planète et plus de 10 % des importations effectuées dans le monde. De plus, les capitaux américains alimentent certains pays, l'Allemagne par exemple. La crise des années 1930 est bien liée aux échanges internationaux. La dépression de l'économie américaine agit sur les autres économies des pays industriels, mais aussi sur celles des pays pauvres, comme en Amérique latine. La baisse du prix des matières premières les prive d'une grande partie de leurs revenus. Les pays en crise diminuent également le volume de leurs importations et prennent des mesures protectionnistes pour sauvegarder leurs marchés intérieurs. Le remède est encore pire que le mal, bien que tempéré par des accords bilatéraux.

Un désordre monétaire généralisé

Le dernier mécanisme de propagation de la crise réside dans les désordres monétaires et l'abandon de toute référence à l'étalon-or ou Gold Exchange Standard. Ce système initié en 1922 à la conférence monétaire internationale de Gênes devait permettre d'économiser l'or et de le réserver aux échanges internationaux. Toutefois, la convention de Gênes prévoit deux devises majeures : le dollar et la livre convertibles en or. Ces deux monnaies concurrentes provoquent une instabilité dans les échanges monétaires internationaux. Bref, pour toute une série de raisons techniques, la situation à la veille du krach boursier n'est pas vraiment saine.

La faillite du modèle britannique de l'étalon-or

Sous cet angle, le problème débute en Grande-Bretagne où, en 1931, on dénombre environ 3 millions de chômeurs et une importante dette extérieure. La solution préconisée par le gouvernement anglais consiste à mettre en place une politique de déflation – mesures visant à réduire la demande : réduction des dépenses publiques, limitation des salaires, augmentation des impôts, etc. –, afin de rétablir l'équilibre budgétaire en limitant, par exemple, les indemnités de chômage.

La livre au cœur de la tempête monétaire

La Grande-Bretagne, qui est un « centre-or », connaît une grave crise de confiance l'obligeant à abandonner l'étalon-or, le 21 septembre 1931. Les fluctuations de la livre deviennent incompatibles avec son rôle de réserve de liquidités internationales.

En outre, d'autres pays sont affectés gravement par les effets de la dépression comme l'Allemagne et l'Autriche. Enfin, une conférence internationale se réunit à Londres, en 1933, pour tenter de trouver des remèdes à une situation monétaire internationale complètement délitée. C'est un

2. L'entre-deux-guerres

échec. Par ailleurs, cette même année, les Américains élisent un nouveau président dont l'ambition politique est de trouver de vraies solutions à la crise. C'est le New Deal (la Nouvelle Donne).

Du New Deal à la théorie keynésienne

La grande dépression marque la fin de la carrière politique de Hoover, le *self made man*. Son incapacité à relever l'économie américaine et ses indécisions lui sont fatales. Le 8 novembre 1932, les Américains élisent un nouveau chef d'État : Franklin Delano Roosevelt (1882-1945). Celui-ci prête serment le 4 mars 1933 et prononce un discours resté célèbre se terminant par cette phrase : « … Ce dont le pays a besoin, c'est de l'action et d'une action immédiate. » L'Amérique qui compte alors plus de 12 millions de chômeurs décide de relever ses manches. C'est le début d'une nouvelle ère.

Sans renier les règles du capitalisme, le New Deal oriente l'économie américaine vers un système plus dirigiste qu'impose une situation catastrophique.

Les principales mesures du New Deal

- Abandon de l'étalon-or et interdiction d'exporter de l'or et de l'argent.
- Dévaluation du dollar de 40 %.
- Réalisation d'un vaste programme de travaux publics.
- Endettement de l'État pour relancer l'activité économique et porter secours aux plus déshérités.
- Indemnisation des fermiers – plus du quart de la population américaine vit de la terre – et des industriels à condition qu'ils réduisent leur production.

Cette politique novatrice pour l'époque est combattue par une partie de la classe politique et fait l'objet de nombreux recours dans les tribunaux. Malgré cette opposition très vive, des résultats positifs apparaissent dès 1935.

Histoire du XXe siècle

La théorie économique keynésienne

On a souvent dit que la politique du Président Roosevelt a servi de modèle à la théorie économique de l'économiste anglais, John Maynard Keynes (1883-1946), autre figure emblématique de la lutte contre la pauvreté pendant cette période. C'est la crise de 1929 qui pousse Keynes à repenser sa discipline dominée, à l'époque, par les néoclassiques pour lesquels le chômage involontaire n'existe pas. Or, en provoquant des faillites en grand nombre, la crise est à l'origine de ce type de chômage. En 1936, Keynes publie l'ouvrage qui le rend célèbre, *La Théorie générale de l'emploi, de l'intérêt et de la monnaie*.

> **L'instrumentalisation du budget selon Keynes**
>
> À l'opposé des libéraux, J. M. Keynes estime que les mécanismes du marché ne permettent pas d'atteindre le plein emploi, c'est-à-dire de lutter contre le chômage. Selon lui, l'État doit réguler l'économie par le biais de son budget. Ainsi, pour la première fois en économie, le budget devient un instrument qui permet soit de relancer l'activité économique (déficit public), soit d'éviter une surchauffe en augmentant les prélèvements.

Les bouleversements socio-économiques de l'entre-deux-guerres

L'entre-deux-guerres représente sur le plan économique et social une véritable rupture, dont les causes résident dans les bouleversements issus de la Première Guerre mondiale. Ainsi, la Grande-Bretagne perd définitivement le leadership mondial passant le relais aux États-Unis et à son symbole, le dollar. Mais on ne passe pas d'un système financier à un autre sans heurts. La concurrence entre la monnaie américaine et la livre sterling désorganise les échanges monétaires internationaux en favorisant la spéculation.

L'économie américaine se trouve par ailleurs confrontée à de graves difficultés dans le domaine industriel et commercial. Le monde occidental

2. L'entre-deux-guerres

découvre les effets pervers qu'une économie dominante fait peser sur les autres nations dépendant d'elle. En 1929, le monde bascule dans une crise durable favorisant l'émergence du nazisme en Allemagne et du fascisme en Italie avec les conséquences que l'on sait.

La pauvreté à l'époque de la crise

Dans les années 1930, les observateurs américains rapportent dans la presse les mille et une petites astuces utilisées pendant la Grande Dépression. En hiver, par exemple, les journaux étaient glissés sous les vêtements afin de se protéger du froid et le carton servait à fabriquer des semelles pour les chaussures. Afin de sauver les apparences, les mères de famille retaillaient de vieux habits pour leurs enfants. De même, les cartes de vœux que l'on recevait étaient conservées pour être réutilisées l'année suivante. Mais la faim pouvait pousser certains à des actes désespérés. Ainsi, dans l'État de Washington, des chômeurs allumèrent des feux de forêt afin de se faire embaucher pour les éteindre !

Les idéologies de l'entre-deux-guerres

Stricto sensu, le fascisme désigne principalement le régime italien de Benito Mussolini. En élargissant le concept, on peut aussi y faire figurer le national-socialisme allemand. Qu'est-ce que le fascisme ?

Le fascisme

Historiquement, ce n'est pas une doctrine mais plutôt une « philosophie de l'action » dirigée contre les mouvements révolutionnaires, et notamment le bolchevisme.

Histoire du XXᵉ siècle

Les trois grands principes du fascisme

- La prépondérance de l'État en tant que structure centralisatrice, ce qui n'exclut pas l'existence de groupes actifs.
- L'idée nationale rassemble tous les individus autour d'une religion commune : le nationalisme.
- Le rôle du chef perçu par la communauté comme un guide est un symbole pour le peuple.

L'extrême confusion de la vie internationale pendant l'entre-deux-guerres est un facteur déterminant dans l'émergence de cette nouvelle idéologie. Elle laisse pressentir le gouffre vers lequel se dirige l'Europe.

Un processus sociologique identifiable

À chaque fois, on note l'action décisive de l'élite dominante qui penche en faveur des groupes politiques susceptibles de s'opposer à la progression du communisme. C'est le cas du NSDAP d'Adolf Hitler, mais aussi des « faisceaux italiens de combat » fondés par Mussolini.

On observe également l'adhésion massive des classes moyennes et populaires à la nouvelle idéologie. Enfin, dans les deux cas (Allemagne et Italie), le leader du mouvement est appelé par les instances politiques en place et accède au pouvoir légalement. Il devient alors un dictateur faisant changer la nature du régime politique.

L'exemple italien

Nous venons de souligner le rôle du leader, du chef, dans l'apparition et la mise en place du fascisme.

Qu'en est-il du cas le plus typique, celui de l'Italie ? Par ailleurs, qui est Mussolini ?

2. L'entre-deux-guerres

Benito Mussolini (1883-1945)

Il est né en Romagne (Italie) le 29 juillet 1883. Issu d'une famille modeste, il devient instituteur sans grande vocation, dit-on. Très tôt, il milite parmi les socialistes. Par la suite, Mussolini s'exile en Suisse d'où il se fait très vite expulser après avoir provoqué une grève. De retour en Italie, il effectue son service militaire puis embrasse la carrière de journaliste. Il dirige le journal l'*Avanti* !, puis fonde le quotidien *Il Populo d'Italia*. Mussolini participe à la Grande Guerre et y est blessé. Démobilisé, il fonde en 1919 une organisation regroupant surtout des anciens soldats. Ce sont les « faisceaux » d'où est tiré le terme de fascisme.

Les fascistes, qui représentent 17 000 adhérents fin 1919, essuient la même année un échec électoral aux élections de Milan. Mais la bourgeoisie et les industriels s'intéressent à ce parti qui s'oppose aux communistes. Et, lors d'un congrès en novembre 1920, le mouvement se transforme en un véritable parti structuré. En 1920, le parti fasciste compte 300 000 membres. En octobre 1922, Mussolini et ses amis entreprennent une « marche sur Rome » afin de renverser le pouvoir. Au lieu de le faire arrêter, le roi Victor Emmanuel III saisit l'occasion pour l'imposer à la tête du pays et lui demande de former un nouveau gouvernement. C'est chose faite, le 30 octobre 1922. À partir de cette date, Mussolini devient progressivement le seul maître de l'Italie. Les fascistes, qu'ils soient italiens ou allemands, ont ceci de commun qu'ils imposent leur idéologie en prenant appui sur le nationalisme.

Qu'est-ce que le nationalisme ?

C'est l'attachement au sol, celui qui a vu naître et mourir les ancêtres, et à une certaine tradition. Le nationalisme est aussi un point de repère idéologique de nature mystique ou militariste selon les pays, les auteurs et les époques. Ainsi, en France, le nationalisme revêt, par exemple, un caractère populaire et centralisateur avec l'historien Jules Michelet (1798-1874). Pour d'autres, comme Charles Maurras (1868-1952), le nationalisme est avant tout monarchique.

Histoire du XXᵉ siècle

D'autres idéologies totalisantes se nourrissent de sentiments plus cosmopolites. C'est le cas du communisme.

Le communisme soviétique

L'idée d'une société communiste n'est pas récente puisqu'elle remonte à l'Antiquité grecque avec le philosophe Platon. L'œuvre de Karl Marx (1818-1883) en porte les traces. Dans cette optique, les communistes représentent l'avant-garde du monde ouvrier grâce à une conscience plus développée. Ils servent alors de guide aux autres prolétaires et leur indiquent le chemin à suivre, celui de la révolution qui passe par la lutte des classes.

L'héritage léniniste

Cette idéologie sert de soubassement à la révolution bolchevique en Russie pendant la période de l'entre-deux-guerres. Lénine meurt le 21 janvier 1924 laissant un testament politique. Il n'évoque pas le problème de sa succession après sa mort, mais livre son inquiétude quant à Staline et Trotski : « Le camarade Staline, devenu secrétaire général, a concentré entre ses mains un pouvoir illimité, et je ne suis pas sûr qu'il puisse toujours s'en servir avec assez de circonspection. [...] D'autre part, le camarade Trotski [...] est peut-être l'homme le plus capable de l'actuel Comité central, mais il pèche par excès d'assurance et par un engouement exagéré pour le côté purement administratif des choses. »

Le stalinisme

De fait, le duel entre les deux hommes tourne rapidement à l'avantage de Staline qui devient, dans les faits, l'homme fort de la Russie communiste, puis à partir du 30 décembre 1929 de l'Union des Républiques socialistes soviétiques (URSS). Le communisme devient alors synonyme de régime totalitaire, de dictature. Staline fait déporter de nombreuses populations, brise les résistances, ordonne l'ouverture de camps de travail ou goulags,

2. L'entre-deux-guerres

afin de modeler un nouvel être humain : l'homme soviétique. Le stalinisme poursuit l'utopie socialiste en la faisant pénétrer dans un univers totalitaire.

Le Goulag

Ce modèle de camps de concentration apparaît avec la Révolution russe. De simple régime pénitentiaire en temps de guerre civile, le Goulag devient un camp de travail et d'élimination politique à grande échelle sous Staline. Les historiens estiment que l'apogée du Goulag se situe dans la décennie qui suivit la Seconde Guerre mondiale. Le grand témoin de cette page sombre de l'humanité est l'écrivain Soljénitsyne.

La grande tension de l'entre-deux-guerres

On peut définir la période de l'entre-deux-guerres comme étant celle des grandes ruptures au plan politique et économique. Sous l'angle politique, de nombreux États expérimentent des solutions nouvelles. Le communisme se répand en Russie, gagne du terrain en Asie, notamment en Chine, et tente de s'implanter dans certaines démocraties européennes. Dans le même temps, il effraie les forces conservatrices en Allemagne et en Italie notamment. Ces deux pays engendrent, par réaction, les systèmes politiques les plus traumatisants de l'histoire occidentale.

Dans le domaine économique, on assiste également à de terribles transformations. En exacerbant les tensions sociales, la crise de 1929 provoque une rupture à l'intérieur de laquelle s'engouffrent les idéologies totalitaires. En effet, les difficultés économiques que traversent les pays industriels dans les années 1930 alimentent en voix les grands partis réactionnaires et facilitent l'accession au pouvoir d'hommes comme Hitler et Mussolini. Le monde se dirige alors vers une nouvelle guerre mondiale que personne ne voit venir.

Chapitre 3
La Seconde Guerre mondiale (1939-1945)

La Seconde Guerre mondiale en Europe

La Seconde Guerre mondiale débute le 3 septembre 1939. C'est une guerre totale puisqu'elle se déroule sur terre, dans les airs et sur mer, ainsi que sur trois continents (Europe, Afrique, Asie). Pendant six ans, des millions d'êtres humains connaissent la peur, la souffrance et des conditions de vie extrêmement dures. Le bilan humain et matériel de ce conflit particulièrement sanglant est très lourd (les pertes humaines sont ainsi estimées selon les sources entre 35 et 60 millions de morts).

Une situation type de *casus belli*

Le 1er septembre 1939, l'Allemagne attaque la Pologne, prétextant une violation de son territoire par les Polonais. Le jour même, l'ambassadeur de France à Berlin demande des explications au ministre allemand des Affaires étrangères, von Ribbentrop. Il enjoint également le gouvernement allemand de retirer ses forces armées du territoire polonais faute de quoi « le gouvernement français remplira sans hésitation ses obligations à l'égard de la Pologne ». Deux jours plus tard, la France et l'Angleterre déclarent la guerre à l'Allemagne.

Histoire du XXᵉ siècle

La drôle de guerre

Au début du conflit, les responsables politiques et l'état-major français hésitent sur la stratégie à adopter. Les militaires polonais, quant à eux, s'estiment suffisamment forts pour riposter seuls à l'armée allemande. Par ailleurs, Hitler poursuit un but simple et de façon méthodique : réunir toutes les populations de langue allemande au sein d'un vaste empire, puis conquérir d'autres territoires pour nourrir les ressortissants du Reich (théorie de l'espace vital). L'armée française s'engage alors dans des actions ponctuelles destinées « à soulager les forces polonaises ».

La hantise de la Grande Guerre

L'opération de la Sarre est déclenchée le 7 septembre 1939 sous le commandement du général Gamelin (1872-1958). Les troupes sont rapidement bloquées dans la forêt de la Warndt, près de Forbach. Le conflit s'enlise d'autant que l'état-major veut à tout prix éviter une hécatombe pour ne pas commettre les mêmes erreurs que lors de la Première Guerre mondiale. Et c'est l'attente qui sert de mot d'ordre aux troupes mobilisées d'où l'expression de « drôle de guerre » consacrée par l'écrivain Roland Dorgelès. Les Anglais de leur côté parlent de « guerre en toc » et les Allemands de « guerre assise ». Bref, tout le monde s'observe. Pourquoi Hitler ne donne-t-il pas l'ordre d'attaquer le front ouest ? Il en est empêché tout simplement par les conditions climatiques de l'hiver 1939-1940, particulièrement dures. Il faut attendre le retour du printemps. Pendant cette période, Français et Anglais évaluent mal la situation et les militaires de carrière s'impatientent, à l'instar d'un certain Charles de Gaulle.

À l'arrière, en France et en Allemagne, les usines fabriquent des armes lourdes (blindés, avions, etc.) en vue d'une grande offensive.

3. La Seconde Guerre mondiale (1939-1945)

> *Charles de Gaulle (1890-1970)*
> Issu de la bourgeoisie industrielle du Nord, Charles de Gaulle embrasse la carrière militaire. Après l'école de Saint-Cyr, il devient lieutenant d'infanterie en 1913. Il est fait prisonnier pendant la Grande Guerre. Après l'armistice, il combat l'Armée rouge en Pologne. De retour en France, Charles de Gaulle est professeur à l'école de Saint-Cyr, puis entre à l'école de guerre. Dès 1925, il travaille au cabinet du maréchal Pétain. Pendant cette période, il écrit plusieurs ouvrages dont le célèbre *La France et son armée* (1938). En 1939, il est nommé commandant des chars de la Ve armée en Alsace. À la suite de ses exploits militaires pendant la campagne de France, de Gaulle obtient le grade de général de brigade. Peu avant l'armistice, il refuse la défaite et s'expatrie à Londres (17 juin 1940). Il prend alors la tête de la résistance française et entre dans la légende.

Le pacte germano-soviétique

Le 28 septembre 1939, Hitler et Staline signent un pacte de non-agression, véritable acte de trahison des Soviétiques à l'égard des Polonais et de leurs alliés. Hitler peut continuer ainsi son action contre la Pologne ; Varsovie tombe le 29 septembre. Staline sait toutefois qu'il devra tôt ou tard faire la guerre aux Allemands. Pendant ce temps, les Alliés s'enferrent dans leur erreur stratégique, estimant que le temps travaille pour eux ! Malheureusement, celui-ci ne s'avère d'aucune utilité face à la détermination des nazis dont l'objectif est la conquête du continent européen. La trêve dure jusqu'au 10 mai 1940, 5 h 35 du matin. À ce moment précis, l'armée allemande bien préparée et équipée passe à l'offensive. Après l'invasion de la Belgique notamment, les panzerdivisions se ruent sur la France. À la drôle de guerre se substitue alors une honteuse capitulation suivie par des années d'humiliation.

Histoire du XXe siècle

Le régime de Vichy

Mai-juin 1940 : de la défaite à l'humiliation

Le 10 mai 1940, la Wehrmacht envahit la Belgique, la Hollande et le Luxembourg. Les forces alliées affrontent les Allemands, sans succès. C'est la bataille de la Meuse. Le 13 mai, l'armée allemande fait une percée à Sedan. Pendant ce temps, les populations belges et françaises fuient devant l'avancée spectaculaire de l'ennemi ; des milliers de personnes abandonnent leur domicile et prennent la route de l'exode.

Le désarroi des politiques

À Paris, les ministères brûlent leurs archives. Le chef du gouvernement français, Édouard Daladier (1884-1970), est mis en minorité par les parlementaires qui lui reprochent son manque de fermeté à l'égard de Hitler. Il démissionne de ses fonctions le 20 mars 1940. Son successeur, Paul Reynaud (1878-1966), est hostile au maître de l'Allemagne. Mais que peut-il faire au moment où les forces militaires allemandes sont sur le point de gagner la guerre ? Il demande à Philippe Pétain, qui est à l'époque ambassadeur de France en Espagne, de rentrer de toute urgence pour occuper une fonction officielle dans son gouvernement. Le héros de 1916, âgé alors de 84 ans, est nommé vice-président du Conseil, le 18 mai.

Une cuisante défaite militaire

De retour à Paris, Pétain a cette phrase : « On vient me chercher quand l'omelette est faite. » Mais pour l'heure, ce grand soldat incarne officiellement le courage et la résistance au nazisme. Sur le plan militaire, Paul Reynaud remplace Gamelin par le général Weygand. Enfin en Angleterre, on assiste à un remaniement ministériel : Churchill succède à Chamberlain à la tête du gouvernement britannique (10 mai). L'offensive allemande se poursuit. Le 6 juin 1940, les lignes françaises sont enfoncées sur la Somme. Quatre jours plus tard, le gouvernement français s'installe à

3. La Seconde Guerre mondiale (1939-1945)

Bordeaux et, le 14 juin, à Paris, la Wehrmacht défile triomphalement sur les Champs-Élysées. Paul Reynaud démissionne à son tour laissant la place à Philippe Pétain à la tête d'une France occupée.

La France vaincue : espoir ou résignation ?

Pétain signe une convention d'armistice avec l'Allemagne à Rethondes, le 22 juin 1940. Entre-temps, Charles de Gaulle, ancien sous-secrétaire d'État à la Défense nationale sous le précédent gouvernement Daladier, s'installe en Grande-Bretagne où il décide d'organiser la résistance française. Pétain qualifie lui-même le mouvement gaulliste de « groupe de traîtres ».

Deux hommes, deux France qui s'opposent

Le 18 juin 1940, le général de Gaulle lance de Londres son célèbre appel : « Croyez-moi, moi qui vous parle en connaissance de cause et vous dis que rien n'est perdu pour la France. Les mêmes moyens qui nous ont vaincus peuvent faire venir un jour la victoire. » À l'opposé de ce discours qui n'accepte pas la résignation, le maréchal Pétain soutient un discours défaitiste, véritable trahison à l'égard des valeurs françaises. Il s'explique ainsi aux Français le 30 octobre 1940 : « C'est librement que je me suis rendu à l'invitation du Führer. Je n'ai subi, de sa part, aucun diktat, aucune pression. Une collaboration a été envisagée entre nos deux pays. J'en ai accepté le principe. »

Et quel est donc ce régime de collaboration que prône le maréchal Pétain ?

Sous la férule d'un État policier : Vichy (1940-1944)

Après Bordeaux, le gouvernement dirigé par Philippe Pétain gagne la ville de Vichy située en zone libre dans le Sud de la France. Députés et sénateurs sont convoqués par le vice-président du Conseil, Pierre Laval, afin de voter les pleins pouvoirs. La débâcle semble justifier cette mesure exceptionnelle. Par 569 voix contre 80, les parlementaires, toutes tendances confondues, déposent entre les mains de Pétain les prérogatives et les devoirs qu'ils avaient obtenus de leurs électeurs. Cet abandon de la souveraineté parlementaire marque aussi la fin de la IIIe République qui, aux yeux des responsables politiques de Vichy, symbolise la défaite et l'anarchie. Dès le lendemain du scrutin, le président de la République, Albert Lebrun, est prié de remettre sa démission. Pétain se retrouve donc seul à la tête de l'État.

La révolution nationale pétainiste

Hitler ne voit dans l'armistice que des avantages économiques et stratégiques. Le fait qu'il laisse toute latitude au personnel politique de Vichy pour transformer la société française en dit long sur la compromission idéologique de ce dernier. De fait, le gouvernement défait les mécanismes propres à la IIIe République : économie libérale, système parlementaire et société de masse. Selon O. Paxton, les tendances politiques de Vichy « visent toutes à un ordre social élitiste... ». L'objectif proclamé de cette élite est la « révolution nationale », perçue comme une troisième voie entre le communisme et le fascisme.

> **Sous les mots, l'anti-républicanisme**
>
> Le gouvernement privilégie des cadres intégrateurs très étroits comme l'État centralisé, les corporations, l'Église, la famille, l'éducation des jeunes, etc. Le slogan « Travail, Famille, Patrie » devient l'emblème du régime.

Vichy et la politique de collaboration

Dès l'entrevue de Montoire avec Hitler (24 octobre 1940), Pétain entraîne la France dans une collaboration qui est largement facilitée par la base idéologique du régime. Vichy est une dictature qui ne veut pas avouer son

3. La Seconde Guerre mondiale (1939-1945)

nom mais qui fonctionne de la sorte grâce au rôle actif de plusieurs personnalités (Pétain, Laval, Darlan) et d'un personnel politique plutôt disparate.

Philippe Pétain (1856-1951)
Né le 24 avril 1856 dans le Pas-de-Calais, Pétain est issu d'une famille de paysans. Il fait Saint-Cyr et devient professeur à l'École de guerre. En 1914, à 58 ans, il s'apprête à prendre sa retraite en qualité d'officier d'infanterie quand survient la Grande Guerre. À la tête de la 2e armée avec le grade de général, il participe victorieusement à la bataille de Verdun (1916). Toutefois, sa prudence légendaire lui vaut une réputation de défaitiste. Mais à la fin de la guerre, Pétain reste pour la nation française le grand héros de Verdun, ce qui lui vaut de nombreux honneurs et plusieurs fonctions prestigieuses : maréchal de France (1918), inspecteur général de l'armée (1922), membre de l'Académie française (1929), ambassadeur de France en Espagne (1939). Pendant l'Occupation, Pétain s'arroge tous les pouvoirs et contraint de facto les Français à collaborer avec les Allemands. Le 14 août 1945, il est condamné à mort par la Haute Cour de justice, pour haute trahison. Sa peine est transformée en détention perpétuelle à l'île d'Yeu où il meurt le 23 juillet 1951.

La véritable nature du régime
Vichy produit très vite toute une série de mesures discriminatoires dont, entre autres : interdiction de la franc-maçonnerie (août 1940), statut des Juifs (octobre 1940), suppression des centrales syndicales (novembre 1940). Le mouvement s'accélère au fil des années lorsque la résistance entre en action ou lorsqu'il s'agit d'intensifier le travail obligatoire (STO). Car le régime entretient une intense collaboration économique avec les nazis (livraisons à l'Allemagne de matières premières, de produits manufacturés et de main-d'œuvre). D'État autoritaire, le régime de Vichy se transforme progressivement en un État policier impitoyable. De même, la collaboration militaire avec l'occupant (actions contre les gaullistes, les Anglais, les résistants, etc.) est sans faille.

Histoire du XXᵉ siècle

> *Deux figures de la collaboration : Darlan et Laval*
> Amiral de la flotte en 1939, puis nommé vice-président du Conseil des ministres du gouvernement de Vichy, François Darlan (1881-1942) a néanmoins opposé quelques refus aux exigences de l'occupant allemand. Continuant à exercer des fonctions officielles pour Pétain, il se trouve par hasard à Alger, en novembre 1942, au moment du débarquement des Alliés. Il signe avec les Anglo-Saxons un accord de cessez-le-feu. Il est assassiné, à Alger, le 24 décembre 1942. Après avoir été un temps éclipsé par Darlan au sommet de l'État, Pierre Laval (1883-1945) a été chef du gouvernement de Vichy d'avril 1942 à août 1944. En 1945, il est condamné à mort et exécuté le 15 octobre de la même année.

L'aspect le plus douloureux de la politique vichyste reste la collaboration antisémite. Parfaitement au courant de l'existence des camps de la mort, l'administration française est à l'origine de l'envoi de plus de 70 convois de Juifs à l'Est, entre mars 1942 et juillet 1944. L'un des épisodes les plus dramatiques de cette période est la rafle effectuée à Paris par la police française, les 16 et 17 juillet 1942 (grande rafle du Vél'd'Hiv), portant sur 12 000 personnes.

Les opérations militaires de 1939 à 1941

Cette première période est caractérisée par l'efficacité de l'armée allemande, notamment en Norvège et en France.

La campagne de Norvège

L'agression des Russes contre la Finlande pendant les mois de décembre 1939 et janvier 1940 incite les Alliés (Anglais et Français) à prendre appui militairement en Norvège. De son côté, Hitler considère ce pays comme une priorité stratégique. L'invasion allemande concernant les principaux ports norvégiens a lieu pendant la période allant du 8 au

3. La Seconde Guerre mondiale (1939-1945)

10 avril 1940. Les Alliés ripostent aussitôt mais les Allemands après plusieurs batailles, dont celle de Narvik, restent maîtres du pays.

La campagne de France

L'armée allemande attaque la Belgique et la Hollande (10 au 15 mai 1940). Répondant à l'appel du roi des Belges, le général Gamelin met en place le 10 mai la manœuvre Dyle (couverture Anvers-Namur). La Hollande capitule le 14 mai. L'attaque allemande par encerclement des forces alliées engagées en Belgique a lieu entre les 15 mai et 3 juin 1940.

Dans la poche de Dunkerque

Malgré les contre-attaques françaises, les panzers distancent les forces alliées en empruntant un couloir large de 10 km sur la Somme entre Amiens et la mer. Le 28 mai, l'armée belge capitule à son tour et les Alliés se replient sur Dunkerque où les troupes françaises et anglaises sont embarquées. Dès le 29 mai, les Allemands poursuivent leur progression sur le territoire français. Le général Weygand (1867-1965) tente d'arrêter l'ennemi sur la Somme et sur l'Aisne. La bataille qui a lieu du 5 au 10 juin tourne à l'avantage des Allemands. La route est libre pour l'armée nazie.

La bataille d'Angleterre

Après l'effondrement de la France en juin 1940, Hitler tente de négocier une paix avec l'Angleterre. Mais Churchill (1874-1965) souhaite continuer la lutte contre les nazis. Hitler décide d'envahir la Grande-Bretagne. La personnalité exceptionnelle du Premier Ministre anglais sera un atout majeur dans la reconquête des territoires occupés. Toute l'opération, côté allemand, repose sur l'efficacité de son aviation : la Luftwaffe.

Les premiers bombardements importants sur l'Angleterre commencent le 10 juillet 1940, avec pour objectif principal la destruction des installations et des convois côtiers.

Histoire du XXe siècle

Luftwaffe contre RAF

L'aviation allemande comprend la IIe flotte aérienne dirigée par le général Kesselring (elle couvre notamment le nord de la France), la IIIe flotte commandée par le général Speerle (Normandie, Bretagne, Bassin parisien) et la Ve flotte basée en Norvège. La Luftwaffe est composée principalement de 1 600 bombardiers et de 1 030 avions de chasse. Ces appareils ont pour mission de bombarder Londres et d'éliminer la chasse britannique (RAF).

La RAF comprend 4 groupements de chasse (Xe, XIe, XIIe, XIIIe) pour un total de 850 appareils seulement. De son quartier général, sous le commandement du maréchal de l'Air, sir Hugh Dowding donne des instructions très précises afin d'économiser hommes et matériel. La flotte anglaise est dotée notamment des célèbres avions de chasse Spitfire et Hurricane.

Les principales étapes de la bataille d'Angleterre

La grande offensive aérienne allemande se précise le 13 août, mais le temps orageux gêne les opérations. Une deuxième opération a lieu pendant la période du 16 au 18 août. La Luftwaffe détruit des installations industrielles et portuaires. Mais la chasse anglaise n'est pas anéantie.

L'offensive allemande se poursuit entre le 24 août et le 6 septembre. La chasse britannique résiste aux assauts des avions ennemis. Mais les Anglais bombardent Berlin par erreur. Hitler réplique par une vague d'attaques sur Londres du 7 au 30 septembre 1940 (le Blitz), qui entraîne la mort de plusieurs milliers de Londoniens.

Cette opération militaire destinée à préparer un débarquement en Angleterre donne lieu entre le 1er et le 31 octobre 1940 à des bombardements de nuit. Globalement, les Anglais tiennent bon. La RAF réussit à détruire plus de 2 000 appareils allemands pendant les 80 jours de combat. C'est le premier échec des nazis depuis l'invasion de la Pologne.

3. La Seconde Guerre mondiale (1939-1945)

La campagne des Balkans

Mussolini met fin à sa stratégie de « non-belligérance » en mai 1940, au moment de l'effondrement de la France, et décide de faire sa guerre en Méditerranée. Mais le Duce est un piètre stratège. En octobre 1940, il lance une attaque contre la Grèce qui est un échec. Les déboires de Mussolini incitent le Führer à régler la question des Balkans. C'est l'opération Marita.

L'opération Marita

Les Anglais réagissent et décident d'occuper la Crète et la Grèce. Hitler programme une opération contre le territoire continental yougoslave et grec pour contrer les forces britanniques. Le gouvernement yougoslave s'exile à Londres. En Yougoslavie, Tito (1892-1980) prend la tête d'une véritable armée des partisans.

Les deux opérations contre la Yougoslavie et la Grèce se déroulent parallèlement. L'attaque contre la Yougoslavie débute le 6 avril 1941. La Luftwaffe bombarde Belgrade. Quant aux Panzers, ils entrent dans la capitale, le 12 avril. Pendant ce temps, une autre partie des forces allemandes s'attaque à Zagreb. Mais les Croates refusent de combattre les Allemands. Un armistice est signé le 18 avril. Parallèlement, l'armée allemande lance une grande offensive contre la Grèce depuis la Bulgarie. Le 30 avril, les nazis sont maîtres du pays, obligeant les Britanniques à battre en retraite. La Wehrmacht est victorieuse et domine les Balkans.

Premiers actes de la guerre germano-soviétique

Dans *Mein Kampf*, Adolf Hitler développe sa thèse de « l'espace vital » en direction de l'Est. De son côté, malgré le pacte de non-agression de 1939, l'URSS supporte mal l'annexion des Balkans par les nazis. Hitler juge le moment opportun pour déployer ses forces en direction de la Russie.

Histoire du XXᵉ siècle

Le « plan Barberousse »

L'Allemagne déclare la guerre à l'URSS le 22 juin 1941 au matin. La Roumanie, la Hongrie et la Finlande entrent en guerre aux côtés des Allemands. Plusieurs batailles décisives se déroulent dès le début de la période (Bialystok et Minsk). Le 8 juillet, Hitler estime qu'il a gagné la guerre contre les Soviétiques, mais les forces russes parviennent à organiser la résistance et à stabiliser le front.

Dès le 12 juillet, la Grande-Bretagne s'allie à l'URSS en lui adressant des aides matérielles. Les États-Unis en font autant. Vers la fin de l'année 1941, l'Armée rouge résiste victorieusement aux assauts des Allemands, notamment lors des batailles de Leningrad (9 septembre) et Moscou (16 novembre). Un peu avant l'arrivée de l'hiver, la situation s'est retournée en faveur des Russes. L'armée allemande enregistre un nouvel échec. En outre, cette défaite correspond à l'entrée en guerre des États-Unis, ce qui va obliger les nazis à se battre sur plusieurs fronts à la fois.

La résistance au nazisme

Les réseaux de résistance

L'invasion nazie en Europe suscite des oppositions un peu partout. Les résistants s'organisent en réseaux plus ou moins centralisés dans différents pays. Ils s'illustrent notamment en Yougoslavie et en Grèce. En URSS, les partisans sont à l'origine d'actions limitées en Biélorussie dès 1941. La première grande action coordonnée a lieu en octobre et novembre 1942. Elle vise à appuyer l'offensive de l'Armée rouge contre la IVᵉ armée blindée allemande regroupée à Stalingrad. Par la suite, Staline, réorganise ces petites unités de combat afin de les rendre encore plus opérationnelles.

3. La Seconde Guerre mondiale (1939-1945)

> *Une grande figure de la résistance : Jean Moulin*
> En France, sous l'impulsion du général de Gaulle, les résistants se regroupent au sein d'un Conseil national de la Résistance (CNR) présidé par un ancien préfet, Jean Moulin (1899-1943).
> Au mois de janvier 1943, naissent les Mouvements unis de Résistance (MUR), organisation structurée autour d'un comité directeur présidé par « Rex », alias Jean Moulin. La première séance du CNR a lieu à Paris, le 27 mai 1943, mais Jean Moulin est arrêté sur dénonciation, le mois suivant, près de Lyon. En juillet, il est torturé à mort par des SS placés sous le commandement de Klaus Barbie. D'une manière générale, l'action de la résistance française se révèle déterminante, notamment au moment du débarquement des Alliés en juin 1944.

La question juive et la « solution finale »

Hitler envisage, dès les années 1930, l'élimination des Juifs. Toutefois, la « solution finale » en tant que telle n'est véritablement mise en œuvre qu'à partir de l'invasion de l'Union soviétique, en 1941. Pour des raisons à la fois idéologique et pratique, Hitler donne l'ordre à Goering de mettre en place une politique de déportation massive et d'extermination systématique des Juifs. Une véritable administration des camps de la mort se met alors en place, dirigée par le général SS Heydrich (1904-1942), dont les ordres sont exécutés, sur le plan technique, par Adolf Eichmann.

La barbarie nazie frappe sans distinction tous les opposants et s'acharne contre d'autres populations, comme les Tziganes.

Histoire du XXᵉ siècle

Les usines de la mort

Les premiers camps de concentration situés en Pologne sont Chelmno (décembre 1941), Belzec (mars 1942), Sobibor (mai 1942), Treblinka (juillet 1942) et le terrible camp d'Auschwitz devenu véritablement opérationnel à partir de l'été 1942. Ces « usines » de la mort reçoivent des wagons entiers de prisonniers. À leur arrivée, ils sont triés comme des animaux par des médecins nazis. Les Allemands utilisent un produit particulièrement efficace pour les chambres à gaz, le Zyclon B. Les statistiques concernant les camps font état d'environ 4 millions de morts répartis ainsi : 1 850 000 pour les camps de Chelmno, Belzec, Treblinka et Sobibor, et plus de 2 millions de personnes gazées pour les trois camps d'Auschwitz. En tout, plus de 5 millions de Juifs seront massacrés ou exterminés dans les camps par les nazis.

Deux grands fronts en Europe

L'année 1942 marque un tournant dans la guerre contre les Allemands. Certes, les puissances de l'Axe (Allemagne et Italie) représentent une force armée redoutable. Mais les Soviétiques et les Alliés continuent leur effort pour vaincre les occupants. Globalement, deux grands fronts permettent la libération de l'Europe pendant la période allant de 1942 à 1945. D'une part, l'offensive soviétique qui reprend à Stalingrad marque le point de départ d'une reconquête des territoires soviétiques occupés par les nazis. D'autre part, les Alliés (Anglais et Américains principalement), vont parvenir à débarquer en Normandie (France), en juin 1944, avec pour objectif central la destruction de l'armée allemande.

Le front de l'Est

Après un dur hiver 1942, les forces allemandes reprennent l'offensive à l'Est. Fin juin, Hitler envisage de prendre Stalingrad. Il commet là une grave erreur stratégique en gaspillant ses forces armées, alors qu'elles

3. La Seconde Guerre mondiale (1939-1945)

sont indispensables pour la conquête du Caucase. Cela étant, Hitler a fixé plusieurs objectifs à son état-major (directive du 5 avril 1942) : s'emparer de Leningrad et établir une liaison avec la Finlande ; réaliser une percée vers Stalingrad et le Caucase. Au mois de mai, l'Armée rouge enregistre toutefois une grave défaite dans la région de Kharkov. La bataille de Stalingrad s'avère alors décisive.

Le siège de Stalingrad

La bataille de Stalingrad se déroule du 17 juillet 1942 au 2 février 1943. Les armées soviétiques et allemandes s'affrontent en zone industrielle et urbaine. Les Allemands atteignent la Volga le 11 novembre. Une fois le front stabilisé, le gros des forces allemandes se déploient en direction du Caucase et de la mer Noire afin de couper la route du pétrole et de détruire la flotte soviétique. Profitant de ce répit imposé par Hitler, Staline décrète une contre-offensive à Stalingrad, le 19 novembre 1942. L'état-major soviétique engage 15 armées sur deux fronts afin d'anéantir la VIe armée allemande. Les Allemands capitulent le 2 février 1943. C'est la première grande défaite des nazis depuis 1939.

La victoire des Soviétiques

Après la bataille de Koursk qui se déroule pendant l'été 1943, Staline lance une vaste offensive qui se poursuit jusqu'au printemps 1944. L'Ukraine et la Moldavie sont libérées, et la Finlande alliée aux Allemands capitule. L'armée soviétique participe ensuite à la libération d'une partie de l'Europe, et notamment à la bataille de Berlin. Les armées des généraux Joukov et Koniev établissent la jonction sur l'Elbe avec les troupes américaines, le 25 avril. Un peu avant, au mois de janvier, l'Armée rouge libère le camp de concentration d'Auschwitz.

Le front de l'Ouest

Les Alliés, quant à eux, débarquent en France le 6 juin 1944. L'un des objectifs de cette armée de libération est de prendre Berlin pour mettre la main sur Hitler.

Histoire du XXᵉ siècle

Le débarquement de Normandie

Immortalisée par le grand film de Darryl Zanuck, *Le Jour le plus long*, l'opération militaire Overlord est un succès. Pendant la nuit, des commandos sont parachutés à l'arrière des défenses côtières afin de préparer le terrain. L'état-major allemand est pris au dépourvu car il s'attend à une action de grande envergure dans le Pas-de-Calais.

> ### Le Jour J
>
> Le 6 juin à l'aube, par mauvais temps, les Alliés répartis en 18 divisions débarquent sur les plages de Normandie. 4 000 navires et 2 000 avions participent à cette bataille. Les troupes prennent position dans les zones américaines (Utah et Omaha) et anglaises (Gold, Juno et Sword). Le soir du 6 juin, 200 000 soldats sont en Normandie et commencent la campagne de France.

La libération de la France

Le débarquement de Normandie est suivi par celui de Provence (opération *Dragoon*), le 15 août 1944. Les villes de Toulon et de Marseille sont libérées aussitôt après. Les troupes alliées remontent rapidement sur Paris qui est libérée le 25 août 1944 par la 2ᵉ DB du général Leclerc. Le lendemain, le général de Gaulle descend les Champs-Élysées.

Le théâtre militaire européen est placé sous le commandement d'un officier américain de tout premier plan, le général Eisenhower (1890-1969). Une partie des forces anglo-américaines évite la capitale et progresse en direction de l'Allemagne. Elle rencontre une vive résistance dans les Ardennes. Les manœuvres de la IIIᵉ armée commandée par le général Patton (1885-1945) déjouent la tactique allemande. La route est libre pour Berlin.

3. La Seconde Guerre mondiale (1939-1945)

La guerre secrète

Afin de mettre toutes les chances de leur côté pour le jour « J », les Alliés lancent une vaste campagne d'intoxication en direction des nazis. C'est le plan Fortitude. Il s'agit de faire croire à l'état-major allemand que la préparation du débarquement en Normandie n'est qu'une diversion cachant en réalité une opération militaire de grande envergure devant se dérouler au nord de la Seine. Pour tromper l'ennemi, les transmissions diffusent de fausses informations et des bombardements ont lieu au nord de la France et en Belgique notamment. Pourtant Hitler pense, malgré le scepticisme de ses généraux, que le débarquement aura bien lieu en Normandie. En divisant les forces allemandes, l'opération Fortitude a ainsi permis aux Alliés de débarquer sur les côtes normandes, le matin du 6 juin 1944.

La chute du régime nazi

Vers la fin du mois d'avril 1945, la ville de Berlin est assiégée par les forces alliées. Adolf Hitler vit ses derniers jours entouré de ses officiers d'état-major et de son amie, Eva Braun, qu'il épouse le 28 avril.

La fin des dictateurs

Enfermé dans son bunker, Hitler sait que la partie est perdue pour lui. Le même jour, Mussolini tente de franchir la frontière suisse. Le Duce est déguisé en soldat allemand, mais il est reconnu par une patrouille de résistants à Dongo et arrêté. Ramené sur Milan le lendemain, il est fusillé sur le bord de la route et exposé, pendu par les pieds, sur une place. Hitler est immédiatement mis au courant et se suicide.

Histoire du XXᵉ siècle

Le procès de Nuremberg

Après la capitulation du Reich allemand, le 7 mai 1945, les Alliés organisent le procès de Nuremberg pour juger les responsables nazis. L'accord de Londres, du 8 août 1945, fixe les règles applicables à cette juridiction militaire. Ses travaux débutent le 20 novembre 1945 sous la présidence d'un haut magistrat anglais, et se terminent le 1er octobre 1946. La juridiction de Nuremberg rend notamment 12 condamnations à mort, dont celles de Goering, Ribbentrop et Keitel.

La Seconde Guerre mondiale sur les autres continents

L'affrontement des grandes puissances européennes s'étend vite aux autres continents. Ainsi, devant les échecs répétés des troupes italiennes, Hitler commence par envoyer plusieurs divisions de l'Afrikakorps en Libye. De même, la puissance impérialiste japonaise ne s'en tenant pas à la guerre sino-japonaise provoque l'entrée en guerre américaine.

Les batailles africaines (1941-1942)

Les chars de Rommel (1891-1944) arrivent à Tripoli vers la fin du mois de février 1941. Ils se joignent à des divisions italiennes et sont appuyés par l'aviation allemande basée notamment en Sicile. L'offensive débute le 24 mars, l'un des points les plus délicats étant Tobrouk. Rommel a pour mission de rejoindre Le Caire et le canal de Suez. En face, les forces britanniques et australiennes sont placées sous le commandement du général Montgomery (1887-1976). Allemands et Britanniques s'engagent dans un conflit de longue haleine.

3. La Seconde Guerre mondiale (1939-1945)

Les principaux faits d'armes

Le 26 mai, Rommel lance une nouvelle attaque. Bir Hakeim qui est une position tenue par les troupes du général Koenig, tombe le 11 juin après une résistance héroïque des troupes françaises. Tobrouk connaît le même sort, dix jours plus tard. Le 23 octobre 1942, les Britanniques lancent une nouvelle offensive à El-Alamein avec la même armée composée de près de 200 000 hommes. Le 4 novembre, Rommel battu se replie à proximité de la frontière tunisienne (décembre 1942). Pendant ce temps, les Alliés (Anglais et Américains) débarquent au Maroc et en Algérie. L'année suivante, c'est le tour de la Tunisie.

Le conflit américano-japonais

Le cabinet japonais présidé par Hideki Tojo (1884-1948) prend la grave décision d'attaquer la base américaine de Pearl Harbor située dans l'archipel d'Hawaï. Le commandement de l'opération est confié à l'amiral Yamamoto (1884-1943). Cette action d'éclat japonaise, qui marque le début de la guerre du Pacifique, a pour conséquence de pousser l'Amérique de Roosevelt à entrer en guerre contre le Japon, mais aussi contre les nazis en Europe.

Pearl Harbor

Le raid nippon a lieu le dimanche 7 décembre 1941 à 8 heures du matin. Une centaine de bombardiers japonais décollent de 6 porte-avions et attaquent la base pendant une heure et demie. La flotte américaine perd 8 cuirassés, 3 croiseurs, 1 destroyer, et de très nombreux avions (bombardiers, chasseurs...). Le bilan humain est lourd : on compte plus de 2 000 morts et un millier de blessés. C'est un véritable choc pour les Américains qui, jusqu'ici, ne s'étaient pas totalement engagés dans la guerre.

Histoire du XXe siècle

La guerre du Pacifique (1942-1945)

Le déferlement japonais

Trois jours après Pearl Harbor, la flotte japonaise détruit les deux seuls cuirassés britanniques naviguant en Extrême-Orient. L'armée nippone, forte de deux millions d'hommes, se lance alors à la conquête de la Malaisie. La base navale de Singapour tombe le 15 février 1942. Puis c'est le tour des Philippines (avril), des Indes néerlandaises (mars), de la Birmanie (mai), etc.

Premières batailles aéronavales

À partir d'avril 1942 jusqu'à l'automne 1943, les forces japonaises rencontrent une forte résistance de la part des Américains notamment à Guadalcanal ou en Nouvelle-Guinée. Parmi les batailles aéronavales les plus célèbres, citons celles de la mer de Corail (mai 1942) et de Midway qui tourne en faveur des Américains (juin 1942).

La reconquête américaine du Pacifique

À partir de l'été 1943, les États-Unis lancent une vaste offensive en vue de chasser les Japonais du Pacifique. Les forces américaines reprennent, entre janvier et septembre 1944, les îles Salomon, Marshall, Mariannes, de Saipan, Carolines. Puis le général Mac Arthur décide de reconquérir les Philippines (début 1945), détruisant du même coup la flotte japonaise. Pendant ce temps, l'amiral Chester William Nimitz se dirige sur Tokyo. Pour cela, il lui faut attaquer les îles Iwo Jima et Okinawa.

La bataille de l'île de Iwo Jima, qui se déroule du 15 février au 26 mars 1945, est particulièrement sanglante. La garnison japonaise est anéantie. Parmi les troupes américaines, on compte 7 000 tués et près de 19 000 blessés. L'attaque de l'île d'Okinawa est encore plus meurtrière. Elle commence le 18 mars 1945 et s'achève le 24 juin. Pendant les combats, la flotte améri-

3. La Seconde Guerre mondiale (1939-1945)

caine doit faire face aux terribles attaques des avions japonais pilotés par les fameux kamikazes qui n'hésitent pas à sacrifier leur vie pour atteindre leurs objectifs militaires. Les Américains remportent la victoire au prix de 50 000 soldats tués ou disparus.

Hollywood : d'une guerre à l'autre

Après le traumatisme de Pearl Harbor, les États-Unis entrent en guerre. Les studios hollywoodiens participent au conflit à leur manière. Frank Capra, par exemple, est chargé de réaliser, pour le compte des autorités, une série de documentaires afin de stimuler le moral des troupes. Pendant que les stars américaines s'engagent sous les drapeaux, de nombreux artistes européens débarquent à Hollywood (Jean Renoir, René Clair, Fritz Lang, Max Ophuls...). Toutefois, cet afflux d'immigrants inquiète une partie de l'opinion publique américaine à cause de l'influence supposée des communistes au sein des studios. Cette psychose collective, qui débute bien avant 1941, trouvera son apogée en 1947, pendant la guerre froide, et se traduira par une « chasse aux sorcières ».

Le Président Roosevelt meurt le 12 avril 1945. Il est remplacé par le vice-président, Harry Truman. En outre, la situation dans le Pacifique continue à être préoccupante. Truman ne souhaite pas faire durer la guerre, mais constate que les Japonais ne sont pas prêts de capituler malgré leurs nombreux échecs militaires.

Bombes A sur Hiroshima et Nagasaki

Les scientifiques américains ont mis au point l'arme atomique. Truman prend la décision de l'utiliser contre le Japon. Le 6 août 1945, un bombardier américain B-29 décolle d'une base située dans l'archipel des Marian-

Histoire du XXᵉ siècle

nes avec à son bord une bombe nommée Little boy. À 8 heures 15 du matin, la bombe atomique est larguée sur Hiroshima. Trois jours après, on assiste à la même opération sur Nagasaki. Le Japon finit par capituler le 16 août.

Des traumatismes universels

On peut considérer qu'avec l'extermination méthodique et à grande échelle des Juifs par les nazis, l'utilisation de la bombe atomique est l'autre grand traumatisme du passé que lègue la Seconde Guerre mondiale aux nouvelles générations.

Vers un nouvel ordre mondial

Une série de conférences donne les règles du jeu de nouvel ordre mondial, scindé entre deux modèles, à l'Ouest et l'Est.

Bretton Woods

Juste quelques semaines après le débarquement de Normandie a lieu, à Bretton Woods, la conférence monétaire des Nations unies (1ᵉʳ juillet 1944) intéressant exclusivement les sociétés occidentales. Il s'agit de mettre en place un ordre monétaire international plus stable que celui de l'entre-deux-guerres et de fixer les grandes règles en matière d'échanges internationaux. Les thèses américaines l'emportent sur les idées de la délégation anglaise conduite par J. M. Keynes.

Un nouvel ordre monétaire

Bretton Woods donne naissance à deux grandes institutions qui règlent encore la vie économique internationale : le Fonds monétaire internatio-

3. La Seconde Guerre mondiale (1939-1945)

nal (FMI) et l'organisation du commerce international qui se transforme, en 1947, en GATT (General Agreement on Tariffs and Trade).

Yalta

La conférence de Yalta en Crimée (4-11 février 1945) réunit les trois dirigeants des grandes puissances alliées : Churchill, Roosevelt et Staline. Cette première réunion au sommet porte non pas sur le « partage du monde » comme il est dit si souvent, mais sur des questions d'ordre technique.

Les thèmes de Yalta :

▶ L'occupation de l'Allemagne.

▶ Le gouvernement de la Pologne.

▶ La poursuite de la guerre contre le Japon.

Potsdam

Du 17 juillet au 2 août 1945, cette dernière conférence entre les trois grands réunit au départ Staline, Harry Truman (successeur de F. D. Roosevelt) et Churchill. Pendant les travaux de la conférence, bien moins conviviale que celle de Yalta, le Premier Ministre anglais, défait lors des élections, est remplacé à Potsdam par le travailliste Clement Attlee plus favorable aux Soviétiques.

La griffe de Staline

Staline obtient un redécoupage de la carte de l'Europe orientale en imposant, en Pologne, les lignes Curzon et Oder-Neisse. Par ailleurs, cette conférence débouche sur la création d'un Conseil des ministres des Affaires étrangères en vue de l'élaboration des traités de paix.

Histoire du XXᵉ siècle

La nouvelle guerre idéologique

En 1945, le monde a terriblement changé. L'Allemagne et le Japon sont définitivement vaincus. Disparaît avec eux une forme d'impérialisme guerrier. La France et la Grande-Bretagne sont incapables de se relever seules de cinq années de guerre. Enfin, les Américains et les Soviétiques tirent tous les bénéfices de cette terrible épreuve sur les plans économique, politique et militaire. Chaque bloc va tenter d'étendre son influence au reste de la planète. Cette rivalité idéologique débouche en 1947 sur la « guerre froide ».

Chapitre 4
La situation mondiale de 1945 à la crise des années 1970

Le contexte d'après-guerre

Une guerre peut-elle être juste ? Souvent, elle n'est que la conséquence et la manifestation tragique d'une erreur politique antérieure. Ainsi, une guerre libératrice comme celle menée de 1940 à 1945 ne vise qu'à faire oublier les accords de Munich (30 septembre 1938) qui confortaient Hitler dans son entreprise de domination de l'Europe.

Naissance de l'ONU

C'est notamment pour éviter de nouvelles guerres que naît le 26 juin 1945, sur les décombres de l'ancienne Société des nations (SDN), l'Organisation des nations unies (ONU). Son objectif politique consiste à promouvoir la paix et à assurer la sécurité entre les nations.

Or, entre 1945 et 1947, la paix retrouvée est à nouveau menacée ; Américains et Soviétiques tentent d'élargir leurs sphères d'influences respectives sur une grande partie de la planète.

La logique de la « guerre froide »

Cette « guerre froide », selon l'expression consacrée, est l'aboutissement d'une longue rivalité idéologique confortée par la Seconde Guerre mondiale. D'un côté, les Anglo-Saxons tentent de promouvoir le libéralisme (démocratie pluraliste, libre circulation des richesses, rôle limité de

Histoire du XXᵉ siècle

l'État, etc.). De l'autre, les Soviétiques diffusent un modèle prônant des valeurs collectivistes. Ces deux conceptions antagonistes génèrent des conflits auxquels s'ajoutent les vagues déstabilisantes de la décolonisation.

> **Les blocs Est/Ouest**
>
> En 1947, le monde est divisé en deux blocs : le camp occidental dominé par les États-Unis et les pays socialistes dirigés par l'URSS. Le tiers-monde, c'est-à-dire l'ensemble des pays pauvres, tente, parfois, d'incarner une voie nouvelle. Mais n'est-ce pas un leurre face à la formidable puissance économique et militaire des deux « Grands » ?

En ces années d'après-guerre, l'économie des pays industriels amorce un bon en avant spectaculaire. On parle même de « miracle économique » à propos, notamment, des pays de la Communauté économique européenne (CEE). Rétrospectivement, n'était-ce pas plutôt un « mirage économique » ? Quoi qu'il en soit, cette période de croissance forte d'une durée exceptionnelle de trente ans, d'où l'expression de « Trente Glorieuses », présente, d'un point de vue historique, des caractéristiques bien précises.

Les Trente Glorieuses (1945-1975)

L'une des conséquences les plus directes de la guerre au XXᵉ siècle réside dans la part de plus en plus prépondérante que prend l'État dans la vie économique et sociale. La politique du New Deal pendant l'entre-deux-guerres et les principes keynésiens sont deux illustrations de cette nouvelle orientation de l'économie dans les pays industriels. L'État devient donc un instrument de régulation de l'activité économique, et

4. De 1945 à la crise des années 1970

aussi un puissant vecteur de tout progrès social. Par ailleurs, au lendemain de la guerre, les pays européens reçoivent une aide économique américaine : c'est le plan Marshall.

La reconstruction de l'Europe

L'intervention de l'État dans le domaine social

En 1942, Sir William Beveridge remet un rapport au gouvernement britannique instituant un système de sécurité sociale (Social Insurance and Allied Services). Celui-ci est adopté, dans ses grandes lignes, en septembre 1944. Connu sous le nom de « plan Beveridge », ce projet représente une révolution en soi dans le domaine économique et social, et dépasse largement le cadre de la Grande-Bretagne. En effet, le plan inspire, par la suite, les grandes réformes sociales dans différents pays européens.

Un modèle social novateur

Le principe de base consiste à affirmer que le plein emploi fait la prospérité d'une nation. Par ailleurs, l'État doit s'endetter pour « libérer l'homme du besoin » en lui garantissant une sécurité du revenu en cas de difficultés (maladie, accident, vieillesse, maternité, chômage). Ces idées reconnaissent, du même coup, les insuffisances du marché en matière d'emploi et la nécessité d'une intervention étatique dans ce domaine. Cette doctrine s'oppose aux principes de l'économie libérale encore en application au début du siècle, mais ne remet pas en question le système capitaliste.

Toutefois, en 1945, la situation économique des pays européens est catastrophique. Par ailleurs, Américains et Soviétiques s'épient, les premiers soupçonnant les seconds de vouloir mettre la main sur l'Europe en jouant sur les difficultés économiques liées aux conséquences de la Seconde Guerre mondiale. L'Amérique décide d'intervenir.

L'aide économique américaine

En janvier 1947, le général George Marshall (1880-1959) est nommé secrétaire d'État par le Président Truman. Puis, au mois de mars, le Président américain s'adresse au Congrès pour lui demander une aide économique et militaire en faveur de la Grèce et de la Turquie. Son discours est en même temps une mise en garde contre l'extension des régimes totalitaires en Europe centrale.

L'échec de la conférence de Moscou

Au même moment, s'ouvre à Moscou la conférence des ministres des Affaires étrangères (10 mars-25 avril 1947), réunissant Bidault (France), Bevin (Grande-Bretagne), Marshall (États-Unis) et Molotov (URSS). La conférence est un échec. Le général Marshall rentre dans son pays et fait au président américain une description apocalyptique des relations internationales.

Implication américaine en Europe de l'Ouest

Dès le mois de juin, le monde se divise en deux camps antagonistes. À cette date, le 5 juin précisément, le secrétaire d'État américain prononce un vibrant discours à l'Université Harvard en faveur des Européens. Il leur fait savoir que les États-Unis sont prêts à les aider sur le plan économique et leur demande d'établir, à cet effet, une liste de leurs principaux besoins. Cette aide n'est pas dénuée d'arrière-pensée politique, mais elle est pour une grande part altruiste.

Les pays concernés par l'aide américaine :

- ▶ Autriche, Belgique, Danemark, France, Grande-Bretagne, Grèce, Irlande, Islande, Italie, Luxembourg, Norvège, Pays-Bas, Portugal,

4. De 1945 à la crise des années 1970

Suède, Suisse, Turquie et République fédérale allemande (constituée officiellement en 1949).

En décembre 1947, Harry Truman présente son plan au Congrès. Au printemps de l'année suivante, une première tranche de crédit de 22,4 milliards de dollars est débloquée. L'aide Marshall est étalée sur une période allant de 1948 à 1952. Deux administrations sont mises en place pour faciliter l'application du plan : l'ECA (European Cooperation Administration) à Washington et l'OEEC (Organization for European Economic Cooperation) à Paris. Pour bénéficier de cette aide, les Européens doivent consolider leurs liens. Par ailleurs, l'aide économique est assortie d'un plan de défense (pacte de Bruxelles). La coordination des forces militaires est assurée par un Conseil de l'Atlantique Nord ou OTAN (Organisation du traité de l'Atlantique Nord).

La modernisation de l'économie européenne

L'intervention étatique s'applique principalement à certains secteurs de l'activité économique. Le problème est d'ailleurs plus spécifique aux pays européens en raison des impératifs concernant la reconstruction. Les grands secteurs de l'économie connaissent, à partir de 1945, des bouleversements structurels importants. Par ailleurs, la France sert souvent de modèle, notamment dans le domaine de l'agriculture ou de la planification industrielle.

Les transformations de l'agriculture et de l'industrie en Europe

L'agriculture

Dans ce domaine, l'aide économique américaine permet aux pays de l'OEEC de dépasser très rapidement le niveau de production d'avant-guerre ; ainsi, pendant les années 1950, il est de 50 % supérieur aux décennies

Histoire du XXᵉ siècle

précédentes. Parallèlement, les exploitations agricoles de cette zone économique se modernisent en utilisant davantage de matériel agricole. Le nombre de tracteurs, par exemple, passe de 500 000 unités à 3 000 000 pendant la période allant de 1947 à 1960. Cette mécanisation du monde rural permet de faire face au douloureux problème de l'exode rural : on note une diminution de 15 % de la population active entre 1950 et 1960. Mais, surtout, le progrès technique entraîne une forte augmentation du rendement. Par ailleurs, l'activité agricole française connaît, elle aussi, une formidable évolution grâce notamment à deux facteurs : la loi cadre de 1960 sur l'agriculture (facteur spécifique) et le marché commun agricole issu du traité de Rome de 1957 (facteur commun aux pays de la CEE).

Principes de la loi d'orientation agricole française

Le premier principe est celui de « la parité entre l'agriculture et les autres activités économiques ». Il s'agit d'améliorer le niveau de vie des paysans. Le second concerne « la parité et la sélectivité des aides pour l'exploitation agricole à deux unités de travailleurs ». En clair, il convient de doter les exploitants agricoles de revenus décents compte tenu de la spécificité de leur activité souvent saisonnière.

La loi cadre de 1960 vise donc à favoriser l'exploitation de type familial. Pour les exploitations de polyculture, la superficie est d'une vingtaine d'hectares. Par ailleurs, on observe, depuis les années 1970, une baisse du nombre des petites exploitations (jusqu'à moins de 20 ha) de près de la moitié, au profit des grandes (50 ha et plus). Cela étant, pendant les années 1960, près des trois quarts des exploitations agricoles ont moins de 20 ha. Enfin, une loi complémentaire de 1962 facilite le cumul d'activités (l'agriculture à temps partiel).

La manne de l'Europe verte

Au début des années 1960, les structures communautaires de « l'Europe des Six » donnent un nouveau souffle à un secteur vital pour l'activité

4. De 1945 à la crise des années 1970

économique. En effet, pour vivre et produire les hommes doivent satisfaire leurs besoins primaires, dont fait partie l'alimentation. Après les privations de l'après-guerre frappant peu ou prou la plupart des pays européens, les mécanismes de la Communauté économique européenne (CEE) facilitent l'émergence de ce qu'il est convenu d'appeler aujourd'hui le complexe agroalimentaire. En l'espace de quelques décennies, l'agriculteur passe du statut d'artisan à celui d'entrepreneur.

La politique agricole commune (PAC)

Le marché commun est une zone protégée à l'intérieur de laquelle les pays membres bénéficient de nombreux avantages. Ainsi, la fixation des prix obéit-elle à plusieurs mécanismes. En matière de céréales qui servent de référence aux autres produits, le Conseil fixe annuellement un « prix indicatif » qui est le prix du marché au plus bas et un « prix seuil » représentant le prix de revient que doivent atteindre les importations. Le marché commun réagit contre les excédents extérieurs en prélevant la différence entre le prix seuil et le prix CAF (Coût Assurance Frêt), c'est-à-dire les prix comprenant les dépenses de transport et d'assurance. À l'inverse, la défense contre les excédents intérieurs résulte d'une restitution égale à la différence entre les prix de la Communauté et les cours sur le marché mondial.

En plus de son dynamisme propre, l'agriculture française trouve là des conditions idéales de développement. Le succès est tel qu'il débouche très rapidement sur l'apparition d'excédents. Ce phénomène commun à tous les pays vivant de l'agriculture dans le cadre de la CEE est directement lié au tassement de la demande, qui explique aussi le rythme plus lent de la progression des revenus agricoles.

Par ailleurs, l'évolution comparée des revenus agricoles et non agricoles en France, entre 1957 et 1974, indique un net retard des agriculteurs sur les autres catégories socioprofessionnelles.

Histoire du XXᵉ siècle

La « société d'opulence »

Après la Libération, les Français vont découvrir les bienfaits de la « société de consommation » calquée sur le modèle américain. Ce phénomène caractéristique des Trente Glorieuses (1945-1975) se traduit par une élévation du niveau de vie quasiment dans toutes les couches sociales. Selon les statistiques de l'Insee, au début des années 1950, 1 logement sur 4 possédait un W.-C. intérieur et un sur 10 une salle d'eau ou un chauffage central ! Autre exemple significatif : la voiture considérée comme la « plus belle conquête de l'homme », mais surtout symbole de liberté et de standing : le nombre de véhicules passe, pendant cette période de trente ans, de 230 000 à deux millions environ !

Le secteur industriel

C'est l'autre exemple de mutation à grande échelle de l'économie européenne. L'industrie est indispensable au bon fonctionnement de l'activité économique parce qu'elle alimente les autres secteurs en machines, outils et autres produits de base (biens de production) et parce qu'elle fabrique des biens standardisés pour les ménages (biens de consommation). L'après-guerre enregistre un développement spectaculaire des différentes branches industrielles, comme l'automobile ou la sidérurgie.

Le principe de l'administration économique

La reconstruction, dans ce domaine précis, passe par la création d'une administration économique. Cette dernière prend la forme soit d'une loi comme le *Distribution of Industry Act*, de 1945, au Royaume-Uni, soit d'une structure administrative *ad hoc* comme le Commissariat général du Plan, en France, sous la présidence de Jean Monnet (loi du 23 décembre 1945). Le premier plan dit « plan Monnet » a ainsi pour objectif la modernisation de l'industrie française.

4. De 1945 à la crise des années 1970

Vers la fin des années 1960, le secteur industriel, organisé sur la base du taylorisme (division des tâches) et du fordisme (travail à la chaîne), traverse une crise profonde. D'une part, le secteur des biens de production enregistre une perte d'emplois liée au vieillissement des équipements. D'autre part, la main-d'œuvre, c'est-à-dire le monde ouvrier, connaît une crise d'identité. Les événements de mai 1968 représentent le point culminant de cette contestation sociale où les revendications portent autant sur le niveau des salaires que sur les conditions de vie et de travail. Bref, la crise économique n'est plus loin.

Un autre principe : les nationalisations

La reconstruction sur le plan industriel se réalise également grâce à une série de nationalisations. Omniprésent dans la plupart des pays européens, l'État exerce ainsi un contrôle direct sur les grands secteurs de l'économie nationale.

En France, le Gouvernement provisoire dirigé par le général de Gaulle nationalise les charbonnages, l'électricité, le gaz, les transports, l'automobile (Renault), les services d'information et certaines banques et assurances (1945). La Grande-Bretagne enregistre une évolution identique avec le gouvernement travailliste de Clement Attlee (1947).

La société de consommation

De 1945 à 1975, les ménages des pays industriels connaissent une nette amélioration de leur niveau de vie, ce qui tranche avec la situation des générations antérieures. Cette richesse est rendue possible grâce à certains mécanismes économiques (économie d'échelle, action de la

Histoire du XXᵉ siècle

publicité sur les consommateurs, développement du crédit, etc.). Toutefois, pendant cette période, des voix s'élèvent pour dénoncer l'existence d'inégalités sociales et le gaspillage des richesses.

Un changement de mode de vie

Au fil des années, les Européens adoptent le mode de vie des Américains. L'Europe connaît les avantages de la consommation de masse. Tous les indicateurs économiques sont à la hausse (revenus, consommation, épargne, etc.). Même les pays en voie de développement enregistrent une amélioration de leurs conditions de vie. Certes, de grandes disparités subsistent, notamment dans les pays riches. Cela étant, les fruits de la croissance se mesurent assez facilement et sont visibles sur le plan matériel.

> **Une croissance mondiale**
>
> En Europe, le taux de croissance (ou de variation) du revenu sur 15 ans (1960-1975) est de 61 %. Le Japon, quant à lui, rattrape et même dépasse les Européens avec un taux de variation de 180 %. Enfin, l'Amérique du Nord reste la zone la plus riche et enregistre une croissance de 40 % de son revenu par habitant.

Persistance des inégalités sociales

Cela étant, la consommation varie en fonction des produits et des catégories socioprofessionnelles. S'agissant de l'automobile, par exemple, on observe, toujours en France, qu'entre 1966 et 1979, les catégories des patrons, cadres et professions libérales sont rattrapées progressivement par les autres groupes (agriculteurs, employés, ouvriers, inactifs). Cette diffusion généralisée du progrès concerne d'autres produits de masse comme la télévision, la radio, les appareils électroménagers, le mobilier courant (salle à manger notamment), etc. D'autres biens, comme

4. De 1945 à la crise des années 1970

l'habillement ou l'alimentation, maintiennent les différences entre les catégories sociales et participent, d'une certaine manière, à la reproduction des inégalités. Bref, la consommation est tantôt liée à la variation du revenu, tantôt soumise à l'influence des différences socio-économiques.

Émergence de la notion de gaspillage

Par ailleurs, cette « société des objets », comme la qualifie le sociologue français Jean Baudrillard, finit par alarmer. Consommant toujours plus de matières premières, l'industrie offre une abondance de biens qui aboutit à un immense gaspillage.

Le diagnostic du Club de Rome

Dans les années 1970, des experts internationaux sont amenés à préconiser une « croissance zéro » afin de ralentir le rythme de destruction des ressources naturelles de la planète. La crise économique, à partir de 1973, vide ce discours de sa substance.

Reste qu'une croissance forte engendre toujours un coût social important. La dégradation de l'environnement et les risques occasionnés par la pollution dans les villes notamment ont des effets néfastes difficilement chiffrables. De même, les modifications des structures économiques et sociales engendrent des déséquilibres au plan humain que l'on ne maîtrise pas toujours. L'exode rural et la concentration des populations dans les grands centres urbains en constituent un exemple particulièrement significatif.

Une lueur d'espérance

En résumé, la période 1945-1975 dite des Trente Glorieuses s'avère porteuse d'une grande espérance tant pour les pays riches que pour les pays en développement. Le niveau de vie augmente un peu partout dans le monde – sauf peut-être en Afrique où la situation économique dépend

Histoire du XXᵉ siècle

largement de la maîtrise démographique – et permet d'envisager un avenir plus serein. Mais, alors que les tourments de la Seconde Guerre mondiale s'estompent petit à petit, l'horizon s'obscurcit de nouveau : la guerre froide, les conflits liés à la décolonisation et enfin la crise économique des années 1970 plongent le monde dans le désarroi.

Les grandes étapes de la guerre froide

La « guerre froide » est une expression qui symbolise la rivalité américano-soviétique de l'après-guerre. Elle commence en 1947 sous la présidence de Truman et s'achève en 1962 avec l'affaire des missiles de Cuba. Deux blocs antagonistes s'opposent : le camp occidental sous la houlette américaine et les régimes communistes dirigés par les Soviétiques. Par ailleurs, cette guerre froide génère des tensions un peu partout dans le monde et oblige les pays à opter pour l'un ou l'autre camp.

Enfin, la destruction du mur de Berlin en 1989 met un terme aux tensions entre Américains et Soviétiques.

Chronologie des événements

La création des blocs (1946-1947)

L'extension du communisme en Europe inquiète les dirigeants occidentaux. Winston Churchill est le premier à manifester clairement son opposition aux prétentions soviétiques. Invité comme chef de l'opposition anglaise par l'Université de Fulton (Missouri), il dépeint les relations Est-Ouest.

4. De 1945 à la crise des années 1970

> **Le discours de Churchill à Fulton (mars 1946)**
>
> « Une ombre s'est répandue sur les scènes si récemment illuminées par la victoire alliée. Personne ne sait ce que la Russie soviétique et son organisation communiste internationale ont l'intention de faire dans l'avenir immédiat, ni quelles seront les limites, s'il en est, que respecteront leurs tendances à l'expansion et au prosélytisme. »
>
> « De Stettin, dans la Baltique, à Trieste, dans l'Adriatique, un rideau de fer est descendu à travers le continent. »
>
> « Je ne crois pas que la Russie désire la guerre. Ce qu'elle désire, ce sont les fruits de la guerre et une expansion illimitée de sa puissance et de sa doctrine. »

Du point de vue soviétique, le discours de Fulton marque le début des hostilités entre les anciens alliés, les Anglo-Saxons assumant la responsabilité entière du conflit à venir. En réalité, l'apparition des blocs et leur antagonisme sont liés à l'apparition de deux forces militaires et idéologiques aussi puissantes l'une que l'autre, et à la personnalité exceptionnelle de leur leader respectif (Truman pour les Américains et Staline chez les Soviétiques). Le discours de Churchill n'est que le révélateur d'une situation objective en train d'évoluer vers l'affrontement.

La stratégie américaine du containment

La menace de l'arme atomique dissuade toutefois les protagonistes d'en venir à une guerre frontale. Le 11 mars 1947, le président américain Harry Truman s'adresse au Congrès pour obtenir une aide militaire en faveur de la Grèce et de la Turquie en proie à la guerre civile. Il développe, à cette occasion, sa politique visant à endiguer la poussée du communisme dans le monde. Il s'inspire, à cet effet, des idées d'un haut fonctionnaire du département d'État, George Kennan, lequel formule, par la suite, la stratégie du *containment*.

Histoire du XXᵉ siècle

> **Le *containment***
>
> « Il est clair que l'élément principal de toute politique des États-Unis vis-à-vis de l'URSS doit être un endiguement à long terme, patient, mais vigilant, des tendances expansionnistes de la Russie. »

La création du Kominform (octobre 1947)

La suite logique de cette situation, côté soviétique, est le rejet du plan Marshall. Staline fait dire aux Occidentaux, par la bouche de Molotov, qu'il refuse d'asservir l'économie de son pays aux visées expansionnistes américaines. Du reste, il est très clair que l'un des objectifs du plan d'aide économique des États-Unis consiste à détourner les pays européens de l'influence communiste (2 juillet 1947). Dans la même optique, les Soviétiques mettent en place un bureau d'information des partis communistes, le Kominform (conférence de Varsovie des 22 au 27 septembre 1947), regroupant 9 pays (URSS, France, Italie, Bulgarie, Yougoslavie, Roumanie, Hongrie, Pologne, Tchécoslovaquie).

> **La déclaration du Kominform sur les relations Est-Ouest**
>
> « Deux lignes politiques opposées se sont manifestées : à l'un des pôles, la politique de l'URSS et des autres pays démocratiques, qui visent à saper l'impérialisme et à renforcer la démocratie ; au pôle opposé, la politique des États-Unis et de l'Angleterre, qui vise à renforcer l'impérialisme et à étrangler la démocratie... Ainsi deux camps se sont formés dans le monde : d'une part, le camp impérialiste et antidémocratique qui a pour but essentiel l'établissement de la domination mondiale de l'impérialisme américain et l'écrasement de la démocratie et, d'autre part, le camp anti-impérialiste et démocratique, dont le but essentiel consiste à saper l'impérialisme, à renforcer la démocratie, à liquider les restes du fascisme. »

4. De 1945 à la crise des années 1970

Ce discours idéologique cache, en réalité, une reprise en main par Staline des partis communistes européens. Ainsi, pendant cette réunion, les partis français et italiens font l'objet de vives attaques de la part des responsables soviétiques. Les communistes français et italiens sont accusés d'être des opportunistes et d'avoir été incapables de prendre le pouvoir dans leur pays à la fin du conflit mondial. En clair, ils doivent cesser toute alliance avec les partis bourgeois (y compris avec les socialistes) et se montrer plus agressifs sur le plan national.

La consolidation des blocs (1948-1952)

À l'Est, les Soviétiques étendent leur influence sur les pays satellites par la ruse et la force. En outre, ils se dotent de l'arme atomique pour pouvoir rivaliser avec les Américains. À l'Ouest, les Occidentaux se regroupent au sein du Pacte atlantique. Au centre, de cette toile, l'Allemagne devient l'objet d'enjeux idéologiques opposés et se transforme en deux États séparés à l'image des relations internationales du moment. Enfin, le conflit entre Américains et communistes se déplace en Asie avec la guerre de Corée.

Le « coup de Prague »

L'idéologie soviétique s'étend notamment dans les pays de l'Est. Au début de février 1948, le parti communiste tchécoslovaque provoque une crise politique afin d'éliminer les éléments les plus modérés du pouvoir. Le gouvernement démissionne le 20 février. Sous la pression de « comités d'action révolutionnaire », un stalinien, Klement Gottwald, constitue un gouvernement composé en majorité de communistes. Peu de temps après, Gottwald devient chef d'État. Les communistes dirigent la Tchécoslovaquie. Délaissant la ruse comme à Prague, Staline préfère utiliser la force pour faire plier les partis communistes des pays satellites.

Histoire du XXᵉ siècle

L'exception qui confirme la règle : la Yougoslavie

Staline essaie de faire un exemple avec la Yougoslavie. Tito, placé à la tête du pays depuis 1939 par Staline, refuse de faire contrôler son pays par les Soviétiques. Commence, à partir de 1948, une partie de bras de fer entre les deux hommes qui se termine en faveur du Yougoslave. Entre-temps, la Yougoslavie est exclue du Kominform et montrée du doigt à l'ensemble de la communauté internationale.

Prétextant cet échec, Staline étend sa domination aux autres pays de l'Est. Il s'ensuit alors une vague d'épuration qui touche de nombreux pays (Pologne, Albanie, Hongrie, Bulgarie, Roumanie et encore la Tchécoslovaquie).

Le stratagème stalinien des procès truqués

Dans chaque cas, le Kremlin choisit une cible, c'est-à-dire un ou plusieurs responsables politiques accusés de faiblesse, et fait organiser un procès truqué qui se termine la plupart du temps par des condamnations à mort. Le cas le plus typique est celui de l'ancien président du parti communiste tchécoslovaque, Rudolf Slansky, arrêté le 24 novembre 1951 pour trahison. Il est jugé avec plusieurs autres communiste, en novembre 1952. Condamné à mort, il est exécuté le mois suivant. Cette vague de terreur policière se poursuit à l'Ouest par des exclusions frappant certaines personnalités comme Charles Tillon en France, par exemple.

À l'Ouest, création de l'OTAN

En face, les Occidentaux consolident leur camp en négociant un pacte militaire. Douze pays, dont les États-Unis, l'Angleterre et la France, signent le traité de l'Altantique Nord (OTAN) en avril 1949. Cet accord militaire suscite beaucoup de remous en Europe, notamment parmi les pacifistes (appel de Stockholm) et de l'URSS bien entendu qui y voit une

4. De 1945 à la crise des années 1970

forme d'agression. Par ailleurs, les sujets de frictions ne manquent pas entre les deux camps.

Le statut de la ville de Berlin

Au cœur de la future Allemagne de l'Est, l'ancienne capitale du Reich est divisée en quatre zones (américaine, anglaise, française et russe). À la suite de la conférence de Londres (juin 1948), les Anglo-Saxons et les Français décident d'unifier leurs zones pour en faire un seul territoire et créent une monnaie commune, le Deutsche Mark.

Les Soviétiques n'apprécient pas cette stratégie et organisent un blocus terrestre de la ville (24 juin 1948). Les Occidentaux répliquent aussitôt par la mise en place d'un pont aérien. L'ONU intervient et oblige les Soviétiques à lever leur blocus (12 mai 1949). Ce conflit accélère la création de deux États allemands séparés, l'un, à l'Ouest, en septembre 1949 (République fédérale d'Allemagne) et l'autre, à l'Est, en octobre de la même année (République démocratique allemande).

En 1950, la tension les communistes et les Américains, leaders du camp occidental, se déplace en Corée qui est une ancienne colonie japonaise. À la fin de la Seconde Guerre mondiale, Américains et Soviétiques occupent le pays ; les premiers sont basés au Sud du 38ᵉ parallèle, et les seconds au nord de cet axe stratégique. À la suite de la conférence de Moscou (décembre 1945), les deux Grands évacuent le territoire, mais laissent une situation politique intérieure tendue. Une partie des Coréens manifestent leur attachement aux valeurs occidentales (Sud), l'autre partie étant proche des communistes (Nord).

La guerre de Corée

Le 25 juin 1950, les Nord-Coréens envahissent la Corée du Sud et franchissent donc le 38ᵉ parallèle. Prise au dépourvu par l'invasion, les États-Unis ripostent sous le couvert de l'ONU en envoyant des troupes pour rétablir

Histoire du XXᵉ siècle

l'ordre. L'armée des Nations unies est placée sous le commandement du général MacArthur. L'intervention de troupes chinoises sur le théâtre des opérations militaires met les divisions de MacArthur en difficultés. Il envisage de bombarder une partie de la Chine au risque de provoquer une guerre encore plus grave. Truman le remplace par le général Ridgway. Après plusieurs années de combats, un armistice est signé en juillet 1953.

Vers une relative normalisation des rapports Est-Ouest (1953-1955)

L'après Staline

La mort de Staline, le 4 mars 1953, marque le point de départ d'une série de changements et l'apparition de nouvelles doctrines dans les deux camps. En outre, la guerre froide continue sa progression en Asie (guerre d'Indochine). Enfin, la course à l'arme atomique constitue le moteur de la rivalité entre l'Est et l'Ouest, ce qui n'empêche pas certains observateurs de percevoir malgré tout une forme de détente.

La théorie des dominos

Les modifications les plus tangibles concernent la politique extérieure. Tout d'abord, Nikita Khrouchtchev, un ancien stalinien, devient secrétaire général du PCUS. En face, aux États-Unis, le nouveau président élu en novembre 1952, Dwight Eisenhower, prend ses fonctions et adopte, à l'égard des Soviétiques, une attitude intransigeante.

Ce contexte politique se traduit par une stratégie très dure connue sous le nom de « doctrine des représailles massives ». Cette politique « new-look » repose également sur une série de pactes. Il s'agit de contrer la théorie des dominos : lorsqu'un pays tombe dans le communisme, les pays qui l'entourent suivent généralement.

4. De 1945 à la crise des années 1970

La politique des pactes

La nouvelle administration américaine crée l'OTASE (Organisation du traité de l'Asie du Sud-Est), le 8 septembre 1954. Ce pacte militaire réunit notamment les États-Unis, la France, la Grande-Bretagne et l'Australie. Le périmètre de défense défini par le traité englobe l'Indochine. Au Moyen-Orient, la Turquie, l'Irak, le Pakistan, l'Iran et le Royaume-Uni se regroupent au sein du pacte de Bagdad (24 février 1955). Quelques mois plus tard est signé le pacte de Varsovie, sorte d'« OTAN de l'Est », réunissant sur le plan militaire URSS, Tchécoslovaquie, Pologne, Bulgarie, Hongrie, Roumanie et Albanie (14 mai 1955). Toutefois, l'accord n'intègre pas l'armée est-allemande, si bien que les observateurs de l'époque y ont vu une forme de détente. Le lendemain, les quatre Grands de l'Ouest signent un traité avec l'Autriche.

L'escalade nucléaire

Pendant toutes ces années, les deux grandes puissances continuent leurs recherches sur le nucléaire. La possession de l'arme atomique est par nature dissuasive. Elle est une des pièces maîtresses de la nouvelle politique américaine. Les Soviétiques, quant à eux, expérimentent leur première bombe H le 12 août 1953.

La guerre d'Indochine

La situation en Indochine est plus que préoccupante. Les parachutistes français occupent Diên Biên Phu au mois de novembre 1953 et tiennent jusqu'au 7 mai 1954. Malgré les appels de la France, les Etats-Unis refusent d'intervenir militairement. L'échec des Français en Indochine leur est largement imputable. Car, en face, le leader communiste Hô Chi Minh obtient des appuis officiels de la part des Chinois et des Soviétiques. La conférence de Genève règle le conflit (juillet 1954).

Histoire du XXᵉ siècle

Les maîtres-espions

Pendant la guerre froide, l'espionnage entre l'Est et l'Ouest a inspiré certains écrivains comme Ian Fleming. Le père de James Bond a puisé dans ses souvenirs de la Seconde Guerre mondiale pour mettre en scène un espion anglais luttant contre les forces du mal représentées autant par des nazis que par les tenants du communisme. La réalité du monde de l'espionnage à cette époque est toutefois assez loin des aventures romancées de l'agent 007 titulaire du permis de tuer. Pour preuve, en 1951, un fonctionnaire du Foreign Office, Guy Burgess, travaillant pour les Russes, passe à l'Est. Ce fait divers fait scandale. Dans le même temps, un autre espion anglais à la solde des Soviétiques, Donald MacLean, disparaît à son tour.

Les vicissitudes de la « coexistence pacifique » (1956-1962)

La « coexistence pacifique » est une formule de Nikita Khrouchtchev prononcée lors du XXᵉ congrès du PCUS, en février 1956, qui correspond à une réorientation des relations Est-Ouest autour du progrès technique et non plus dans le sens d'une course aux armements. Cette expression ne signifie pas que les Soviétiques renoncent au communisme. Elle signifie une forme de détente dans les relations politiques entre les deux Grands.

La déstalinisation

Lors du XXᵉ congrès du PCUS, Khrouchtchev lit un rapport sur les crimes de Staline. En outre, il tend la main aux Occidentaux en leur demandant d'organiser une conférence sur le désarmement. Les différentes tentatives du leader soviétique restent vaines. De fait, la coexistence pacifique connaît une série de crises. Certaines résultent d'accords tacites entre les deux grandes puissances nucléaires. C'est le cas de l'affaire du canal de Suez et de l'insurrection de Budapest (1956). À l'opposé, d'autres crises majeures surviennent en 1961 et 1962, au sujet de Berlin et des missiles de Cuba. Elles sont plus graves et la seconde s'avère particulièrement dramatique.

4. De 1945 à la crise des années 1970

Les événements de Budapest

Après le XXᵉ congrès du PCUS, la vague de « déstalinisation » atteint la Hongrie en octobre 1956. L'ancien ministre de l'Intérieur, Lasjo Rajk, exécuté en 1949 pour « titisme », est réhabilité. Le 17 juillet, deux émissaires soviétiques, Mikoyan et Souslov, arrivent à Budapest pour trouver une solution aux différentes tensions qui traversent le parti communiste hongrois. Mais le peuple a soif de liberté. Le début de la tragédie hongroise commence avec la manifestation regroupant notamment étudiants et ouvriers, le 23 octobre. Les manifestants réclament une transformation du régime en profondeur et refusent de se disperser.

Les chars soviétiques à Budapest

Le comité central se réunit de toute urgence et nomme l'ancien chef de gouvernement, Imre Nagy, Premier Ministre. Par ailleurs, le 25 octobre, le parti a un nouveau chef : Janos Kadar. Le 1ᵉʳ novembre, la Hongrie annonce son retrait du pacte de Varsovie et son rejet du communisme. Kadar disparaît pendant quelques jours et revient avec les chars soviétiques. Peu de temps après, Imre Nagy, qui voulait conduire le changement, est arrêté. Il est exécuté en juin 1958. L'armée soviétique écrase l'insurrection.

La crise du canal de Suez

Le second conflit de l'année 1956 se déroule au Proche-Orient. Le président égyptien Nasser nationalise le canal de Suez, le 26 juillet. Cette décision lourde de conséquences au plan économique incite Français et Britanniques à envisager une riposte. Ils organisent une force d'intervention à laquelle se joignent les Israéliens. Celle-ci débarque le 5 novembre à Port-Saïd. Mais contre toute attente, les Américains abandonnent leurs alliés. De son côté, l'Union soviétique saisit le Conseil de sécurité de l'ONU. Les Français et les Anglais sortent affaiblis de cette affaire. En revanche, les États-Unis ont préservé leur image dans cette région tant convoitée.

Histoire du XXᵉ siècle

La révolution cubaine

Par ailleurs, le 2 décembre de la même année, Fidel Castro débarque à Cuba afin d'y organiser la guérilla contre Batista. C'est le début de la révolution. Les relations Est-Ouest évoluent pendant cette période dite de « coexistence pacifique ». Deux graves crises sont sur le point de remettre en question le rapprochement américano-soviétique : Berlin et... Cuba.

L'entrée en scène de JFK

Élu président des États-Unis en 1961, John Fitzgerald Kennedy lance son pays dans une course aux armements pour combler le retard pris, selon lui, par rapport aux Russes. Il s'affirme également comme le nouveau défenseur du monde libre face au communisme.

Le mur de Berlin

La prise de position de Kennedy ne l'empêche pas de discuter (en vain) avec son homologue soviétique en juin 1961 du statut de la ville de Berlin. Dans la nuit du 12 au 13 août, les autorités de RDA font édifier dans Berlin un mur séparant les zones occidentale et communiste, officiellement pour stopper l'émigration de travailleurs est-allemands vers l'Ouest.

L'affaire des missiles cubains

L'année suivante, en octobre 1962, les Soviétiques tentent d'installer une base de lancement de missiles à Cuba. Kennedy fait établir un blocus maritime de l'île et ordonne aux Soviétiques de retirer leurs équipements militaires. Le monde est au bord d'une troisième guerre mondiale. Finalement, Khrouchtchev cède devant la menace américaine. Il s'explique par lettre auprès de Castro en lui indiquant que son désengagement du conflit avait permis d'éviter l'invasion de Cuba par les Américains ainsi qu'une guerre nucléaire.

4. De 1945 à la crise des années 1970

Décolonisation et tiers-monde

À partir de 1947, chacune des deux grandes puissances mondiales tente donc de regrouper le maximum de pays sous sa bannière censée défendre la cause la plus noble. Mais par ailleurs, les pays pauvres, dits du tiers-monde, se lancent dans un processus de décolonisation. En effet, dès 1945, les colonies commencent à revendiquer leur indépendance, d'abord au Moyen-Orient et en Asie, puis en Afrique noire.

Les deux grandes étapes du processus de décolonisation

La décolonisation est un phénomène historique complexe qui se déroule sur plusieurs continents et pendant deux périodes successives. Ce mouvement de libération des pays colonisés est parfois très violent. Certains leaders parviennent à canaliser la révolte des peuples opprimés afin de les conduire vers l'indépendance. De la même manière, les peuples récemment autonomes, et bien souvent pauvres, sont amenés à partager les mêmes valeurs. Refusant de s'aligner sur la politique des blocs, ils prônent un axe Nord-Sud, qui est le pendant de l'axe Est-Ouest. Le tiers-monde n'est donc pas un troisième bloc. Le tiers-monde est une expression forgée, dans les années cinquante, par l'économiste français Alfred Sauvy. Elle désigne l'ensemble des pays pauvres appelés aussi pays en voie de développement. La conférence de Bandoeng en 1955 médiatise ce concept qui est relayé ensuite par l'ONU.

Histoire du XXᵉ siècle

> **L'émergence politique du tiers-monde**
>
> La conférence de Bandoeng en Indonésie (17 au 24 avril 1955) révèle à l'opinion internationale l'existence d'un tiers-monde désireux de s'organiser à l'abri d'un certain neutralisme. Ce « coup de tonnerre dans un ciel serein » marque bien la volonté des pays du Sud à vouloir maîtriser leur propre destin.
>
> La déclaration de Bandoeng précise : « La conférence déclare appuyer totalement le principe du droit des peuples et des nations à disposer d'eux-mêmes tel qu'il est défini dans la Charte des Nations unies et prendre en considération les résolutions des Nations unies sur le droit des peuples et des nations à disposer d'eux-mêmes, qui est la condition préalable à la jouissance totale de tous les droits fondamentaux de l'homme. »

La première vague de décolonisation : le Moyen-Orient et l'Asie

Elle concerne le Moyen-Orient et l'Asie entre 1945 et 1955.

Le Moyen-Orient

C'est jusqu'en 1945 le fief de la Grande-Bretagne. Mais celle-ci doit réviser très rapidement sa stratégie face à la montée du nationalisme. En effet, la Ligue arabe est fondée le 22 mars 1945 par sept États (Égypte, Irak, Syrie, Liban, Transjordanie, Arabie saoudite, Yémen), et vise à favoriser l'unité des pays arabes. Toutefois, le Premier Ministre anglais, Clement Attlee, souhaite signer un accord militaire séparément avec chaque pays de la Ligue. Alliée à l'Angleterre depuis le traité du 26 août 1936, l'Égypte entend diriger le monde arabe et réclame le départ des forces britanniques. Celles-ci continuent d'occuper la région de Suez devant l'échec des négociations avec le régime égyptien représenté par Sidiki puis Nokzachi Pacha, assassiné en décembre 1948.

4. De 1945 à la crise des années 1970

> **Gamal Abd el-Nasser (1918-1970)**
> Militaire et homme politique égyptien, il milite dès les années 1940 pour l'indépendance de son pays. Avec un groupe d'officiers dirigé par le général Neguib, il renverse le roi Farouk en juillet 1952. Dès 1954, il reste le seul leader de l'Égypte et participe, l'année suivante, à la conférence de Bandoeng. En juillet 1956, Nasser nationalise le canal de Suez provoquant des tensions internationales. L'échec de l'armée franco-anglaise le propulse à la tête du mouvement anticolonialiste. Par la suite, il se rapproche des Soviétiques et œuvre pour une Égypte indépendante et socialiste. De la même manière, il prend la tête du mouvement contre l'État d'Israël. Mais l'armée égyptienne est battue par les Israéliens en 1967.

Les Anglais doivent également subir, dans la région, la concurrence des Américains attirés par les réserves pétrolières de l'Arabie saoudite.

Enfin, Français et Britanniques évacuent la Syrie et le Liban en application de l'accord du 14 mars 1946.

La création de l'État d'Israël

Le 14 mai 1948, après le départ des Britanniques de Palestine, David Ben Gourion proclame la création de l'État d'Israël. En fait, le principe est acquis depuis le vote des Nations unies du 29 novembre 1947. Mais les Palestiniens ne l'entendent pas ainsi. Une guerre éclate opposant Arabes et sionistes entre mai 1948 et juin 1949. Elle est suivie de trois autres guerres israélo-arabes : octobre-novembre 1956 (affaire du canal de Suez), juin 1967 (conquête de la Cisjordanie et du Golan) et octobre 1973 (guerre du Kippour).

L'Asie

L'indépendance de l'Inde soulève de nombreux problèmes. En fait, la Grande-Bretagne a beaucoup de difficultés à se maintenir dans son ns ancienne colonie. Le gouvernement travailliste, en 1945, est favorable au départ des troupes britanniques. Lord Mounbatten est chargé de liquider la situation. Le Punjad et le Bengale deviennent le Pakistan ; le reste du territoire constitue officiellement l'Inde. Au lendemain de l'indépendance (août 1947), les deux États deviennent membres du Commonwealth. Enfin, la Birmanie obtient son indépendance en 1948.

> ### *Jawahârlâl Nehru (1889-1964)*
> Issu de la grande bourgeoisie indienne, le jeune Nehru reçoit une éducation anglaise à Cambridge puis à Londres. De retour dans son pays, il devient avocat à partir de 1912. En 1916, il rencontre Gandhi pour la première fois. Les deux hommes, bien qu'ayant parfois des idées différentes, font cause commune contre l'Empire britannique, pays colonisateur de l'Inde. Nehru milite au sein du Congrès pour faire accéder son pays à l'indépendance. C'est ce qui arrive le 15 août 1947, date à laquelle il devient Premier Ministre de l'Inde. Il organise en 1955 la conférence de Bandoeng et prône le neutralisme.

L'Asie du Sud-Est connaît, elle aussi, le phénomène de la décolonisation. Ainsi, l'Indonésie, colonie hollandaise, aspire à son indépendance. L'ONU est saisie du conflit. Un accord définitif intervient en novembre 1949 qui reconnaît l'indépendance de l'Indonésie.

La première guerre d'Indochine

L'Indochine est une colonie française. En 1945, le général de Gaulle souhaite l'intégration de ce pays asiatique dans l'Union française. Toutefois, une partie de l'Indochine est sous influence communiste représentée par le Viêt-minh, dont le leader est Hô Chi Minh. La guerre débute en novembre 1946. Les Français réclament à deux reprises de l'aide aux Américains qui restent muets sous prétexte que la France mène, dans cette partie du monde, une guerre coloniale.

4. De 1945 à la crise des années 1970

En ce qui concerne l'Indochine, les États-Unis commencent à réaliser leur erreur, lorsqu'ils comprennent que le Viêt-minh est allié aux communistes chinois.

> **Chou En-Lai (1898-1976)**
> Militant révolutionnaire, il devient l'un des commissaires politiques de la première armée de Tchang Kaï-check. Pendant l'entre-deux-guerres, il se rallie au communisme et rejoint Mao Zedong. À partir de 1949, Chou En-Lai devient Premier Ministre et ministre des Affaires étrangères de la Chine populaire. À ce titre, il participe à la conférence de Bandoeng, en 1955, qu'il prépare avec Nehru. Il y forge le concept de coexistence pacifique. Il reste jusqu'à sa mort une des grandes figures de la lutte anticoloniale en Asie et un des piliers du régime communiste chinois.

La chute de Diên Biên Phu, le 7 mai 1954, sonne le glas de la présence française dans cette partie du monde. Les accords de Genève (juillet 1954) mettent fin à un conflit meurtrier qui n'est rien à côté de l'horreur que représente la guerre du Viêt-nam.

> **La guerre du Viêt-nam**
> C'est sans conteste une manifestation violente de la guerre froide en Asie. Les bombardements américains sur le Nord Viêt-nam débutent en février 1965, sous la présidence Johnson. L'offensive du Têt, le 30 janvier 1968, retourne la situation en faveur des communistes. L'opinion américaine commence à douter de l'engagement de son pays au Viêt-nam. Toutefois, il faut attendre la présidence Nixon pour espérer une issue au conflit. Ce sont les accords de Paris du 27 janvier 1973 qui mettent fin à la guerre du Viêt-nam. Saïgon tombe entre les mains des communistes le 30 avril 1975.

Histoire du XXᵉ siècle

La seconde vague de décolonisation : le continent africain

L'Afrique du Nord

À côté de la Libye qui obtient son indépendance en décembre 1951, les trois pays du Maghreb (Algérie, Maroc, Tunisie) connaissent des destins plus chahutés. Le Maroc et la Tunisie sont des pays sous protectorat français. Ils sont victimes de violentes manifestations en 1950, ce qui incite l'Égypte à saisir l'ONU l'année suivante. Le Maroc et la Tunisie obtiennent leur indépendance en mars 1956.

Une Algérie française ?

Le cas le plus douloureux reste celui de l'Algérie. Colonie française depuis le XIXᵉ siècle, l'Algérie connaît une violente poussée nationaliste après la Seconde Guerre mondiale. Tout commence par les événements de Sétif, en mai 1945. Mais la loi concernant le statut de l'Algérie, votée le 20 septembre 1947, ne parle pas d'indépendance : « L'Algérie est un groupe de départements doté de la personnalité civile, de l'autonomie financière et d'une organisation particulière ». Mieux, la pratique politique permet même d'éliminer les nationalistes de l'Assemblée algérienne. Dès lors, les conditions d'un soulèvement sont réunies.

Les hostilités débutent en novembre 1954 par une série d'attentats. Les différents gouvernements français tentent de maintenir l'Algérie dans le giron de la France. Le général de Gaulle est rappelé au pouvoir, en juin 1958, pour tenter de trouver une solution au conflit algérien qui s'enlise. Beaucoup d'appelés du contingent font leur temps en Algérie avec pour mission de protéger les intérêts des Européens. Une solution équitable semble difficile à trouver dans la mesure où une partition de l'Algérie est pratiquement impossible. Le Front de Libération nationale (FLN) forme au Caire, en septembre 1958, le Gouvernement provisoire de la République algérienne (GPRA).

4. De 1945 à la crise des années 1970

L'indépendance de l'Algérie

Le général de Gaulle décide d'accorder l'indépendance aux Algériens par voie de référendum (16 septembre 1959). Les accords d'Évian du 1er juillet 1962 mettent un terme à cette guerre entre Français et musulmans. Ahmed Ben Bella devient, pour quelques années, le leader d'une Algérie indépendante et socialiste. Il est renversé, en juin 1965, par le Conseil de la Révolution et remplacé à la tête de l'État par Houari Boumediene.

L'Afrique noire

De très nombreux pays de l'Afrique noire accèdent à l'indépendance entre 1957 et 1962. La plupart d'entre eux sont des colonies anglaises, françaises ou belges.

Parmi les colonies africaines de la France, le Cameroun et le Togo obtiennent leur indépendance en 1960. Par ailleurs, en septembre 1958, plusieurs pays adhèrent à l'Union des territoires d'outre-mer (Congo, Côte-d'Ivoire, Dahomey, Gabon, Haute Volta, Madagascar, Mauritanie, Niger, République centrafricaine, Sénégal, Soudan et Tchad). Ils deviennent pleinement autonomes en 1960.

Vers l'Organisation de l'unité africaine (OUA)

Cette vague de décolonisation en Afrique noire, qui est loin de s'achever en 1962, donne naissance à l'Organisation de l'unité africaine (OUA), le 25 mai 1963. Mais au sein de cette structure, deux tendances – l'une progressiste et l'autre conservatrice – se disputent la direction du mouvement panafricain.

Les Britanniques donnent aussi l'indépendance à plusieurs pays (Ghana, Nigeria, Sierra Leone, Tanganyika et Ouganda). Le Congo, ancienne colo-

Histoire du XXe siècle

nie belge, accède à l'indépendance en 1960 après une terrible guerre civile, que mettra à profit le général Mobutu à partir de 1965 pour asseoir un règne personnel sans partage.

Une polarisation mondiale Nord-Sud

La décolonisation marque la fin de l'hégémonie européenne en Asie et en Afrique. La guerre froide, qui s'étend sur le monde à partir de 1947, amène les deux Grands à prendre des options sur certains pays jadis colonies européennes. Toutefois, le tiers-monde devient vite une réalité extérieure à la politique des blocs. De nouveaux rapports se tissent, opposant non plus seulement l'Est à l'Ouest mais aussi maintenant le Nord au Sud, c'est-à-dire les pays riches aux pays pauvres.

La crise économique mondiale des années 1970

Le mot « crise » présente différents sens qu'il ne faut pas confondre. Ainsi, on parle d'une « crise de civilisation » pour signifier que les valeurs culturelles, par exemple, ne sont plus partagées par tout le monde dans un même modèle de société. On évoque aussi les effets négatifs d'une « crise morale » que peut traverser tel ou tel peuple à un moment donné de son histoire. Les médias se font l'écho également de certaines crises de nature politique ou sociale qui secouent régulièrement les régimes, qu'ils soient démocratiques ou non. Bref, le terme de « crise » évoque une multitude de choses bien différentes.

4. De 1945 à la crise des années 1970

> *La notion de « crise économique »*
> Elle s'attache au moment du retournement de la conjoncture : on passe ainsi d'une période faste (expansion) à une période moins avantageuse sur le plan de la production des richesses (dépression) qui se caractérise notamment par une augmentation du taux de chômage.

Quelles sont les origines et les explications de cette crise économique des années 1970 ?

Les origines de la crise économique

L'année 1973 marque la fin d'un long cycle d'expansion en matière de production industrielle et l'amorce d'une récession durable. Est-ce pour autant seulement la faute aux pays producteurs et exportateurs de pétrole ? De l'avis des spécialistes, l'augmentation du prix du baril de pétrole, en décembre 1973, ne constitue pas la cause déterminante de la grande dépression contemporaine. On peut en effet distinguer trois causes principales à cette crise, qui se combinent avec la hausse de « l'or noir ».

Le ralentissement de la production industrielle : une productivité moins forte

L'essoufflement de la croissance économique, c'est-à-dire le ralentissement de la production industrielle, est l'une des causes centrales de la crise économique dans les pays de l'OCDE. Les chiffres sont explicites : d'une croissance de l'ordre de 5 % en moyenne et par an, ces pays sont passés, entre 1973 et 1983 par exemple, à des taux variant entre 1 et 3,5 % l'an selon les pays.

Histoire du XXᵉ siècle

L'indicateur de la productivité

La productivité apparente du travail dans l'industrie, c'est-à-dire l'efficacité du facteur travail ou encore le rendement – qui est au cœur de l'amélioration du système productif – est passée de 4,5 % par an environ à la fin des années 1970 à un peu moins de 3 % pendant les années 1980.

Comment expliquer ce phénomène ?

Les explications des économistes et des historiens butent sur diverses causes. Certains y voient un problème statistique (difficulté de mesurer efficacement la productivité) ou technique (tassement des efforts financiers consacrés à la recherche et au développement dans les grandes firmes).

Une crise structurelle des marchés

D'autres experts, comme ceux de l'INSEE par exemple, cherchent une origine à la crise dans la structure des marchés. Pour eux, le ralentissement de la productivité serait dû à une saturation des marchés à cause d'un « processus de rattrapage des économies de l'OCDE par rapport à celle des États-Unis, entrepris après la Seconde Guerre mondiale ».

Quoi qu'il en soit, le ralentissement de la productivité se situe un peu avant le choc pétrolier de 1973. Ainsi, les gains de productivité, c'est-à-dire les avantages résultant d'une meilleure rationalité de l'outil productif qui était de 6 % en 1967, reculent d'un point en 1972.

Le flottement des monnaies : du change fixe au change flexible

Le flottement des monnaies est décidé en mars 1973. À partir de cette date, les autorités monétaires de l'Europe des Neuf acceptent de s'en

4. De 1945 à la crise des années 1970

remettre aux lois du marché. La fluctuation des monnaies devient donc la règle. Pourquoi et comment en est-on arrivé là ? Quelle est l'influence de ce mécanisme particulier dans le déclenchement de la crise ?

Le système monétaire de Bretton Woods

À partir des accords de Bretton Woods, la monnaie américaine, convertible en or, devient aussi une monnaie internationale. Par ailleurs, la référence au dollar n'est possible que dans la mesure où le billet US est peu abondant. Bien évidemment, cette rareté du dollar implique un excédent de la balance des paiements de l'économie américaine, et ce pour rapatrier vers le territoire des États-Unis le maximum de billets verts. Dans le cas contraire, les banques centrales détentrices de dollars dans le monde sont tentées de transformer leurs liquidités en devises américaines en or, menaçant ainsi le stock de métal précieux détenu par le Trésor américain.

Le poids de la balance commerciale américaine

Hélas, la réalité économique de l'après-guerre consacre le second scénario. La crise débute dès les années 1950. On assiste à une conversion importante de dollars détenus par les banques centrales étrangères en or. Cette situation s'explique par différents facteurs comme la guerre de Corée ou encore les maladresses du candidat Kennedy annonçant qu'il dévaluerait le dollar une fois au pouvoir. Bref, pour toute une série de raisons, la monnaie américaine inquiète les marchés financiers. En outre, pendant la courte présidence de J. F. Kennedy, le déficit de la balance des États-Unis se situe autour de 3 milliards de dollars. De même, on assiste, pendant les années 1960 à une vague de spéculation sur plusieurs monnaies européennes.

Un flottement généralisé des monnaies

Les mesures prises par le gouvernement américain se heurtent aux intérêts économiques contradictoires de certains pays. Pendant les années

Histoire du XXᵉ siècle

1970, le déficit extérieur américain continue de grimper et les réserves d'or commencent à fondre.

Vers une flexibilité du système monétaire international

Le 15 août 1971, l'administration Nixon décrète unilatéralement l'arrêt de la convertibilité du dollar en or. Dès lors, le système de Bretton Woods s'effondre obligeant les pays industriels à trouver une autre solution à leurs problèmes dans le flottement généralisé de leurs monnaies. L'idée est relayée par les tenants de la flexibilité des changes qui considèrent les mécanismes du marché comme plus efficaces pour réguler le système monétaire international.

L'accélération de l'inflation : l'insuffisance des capacités productives

L'inflation, c'est-à-dire la hausse cumulative du niveau général des prix, est un phénomène économique classique qui explique, en partie, la croissance soutenue des Trente Glorieuses. De la même manière, l'accélération du processus inflationniste au début des années 1970 permet de mieux comprendre les mécanismes de la crise économique.

Enfin, les tensions inflationnistes constituent un phénomène majeur des économies du XXᵉ siècle (effet de cliquet).

L'inflation en temps de crise

L'une des explications du processus inflationniste dans les années 1970 réside dans la saturation des capacités productives des grandes firmes, qui provoque une augmentation des prix afin de calmer la demande globale. En 1974, la situation économique devient critique : la plupart des pays industriels ont un taux de croissance égal à zéro.

4. De 1945 à la crise des années 1970

Les théories de la crise économique

De nombreuses théories essaient de comprendre ce phénomène d'ensemble et tentent d'y apporter des solutions. Mais cette crise présente la particularité de combiner à la fois un taux d'inflation important et un chômage massif.

L'analyse keynésienne

Pour Keynes, le niveau de la production est déterminé principalement par la demande dite effective (anticipations faites par les entrepreneurs). L'emploi, par ailleurs, s'ajuste sur la production. Autrement dit, le niveau de production déterminé par la demande donne lieu à une distribution de revenus que les ménages dépensent sous forme de consommation.

Le rôle de l'État dans l'activité économique

En cas de crise, on assiste à une contraction du marché liée à une prévision à la baisse faite par les entrepreneurs. Le rôle de l'État est important pour relancer l'activité économique. L'équilibre du circuit n'est possible qu'en injectant des fonds prenant la forme d'investissements (le multiplicateur keynésien) ou encore de dépenses publiques (les fameux grands travaux à l'époque de Roosevelt aux États-Unis). Enfin, l'inflation était considérée par Keynes comme un moindre mal. La crise de 1973 ne remet pas en cause cette vision du fonctionnement de l'activité économique.

Le scénario de la crise pour les keynésiens

Le quintuplement du prix du pétrole au profit des pays de l'OPEP devient, à la suite de la dévaluation du dollar de 1968, une véritable aubaine. Mais ces flux financiers, en alimentant les caisses des pays arabes, appauvrissent les revenus des économies industrielles occidentales. On assiste à une véritable ponction opérée sans contrepartie. Dans ces conditions, la demande mondiale diminue faute d'argent suffisant, entraînant avec elle une baisse de la production et des échanges, un tassement des investissements et l'apparition du chômage. Par ailleurs, les keynésiens considèrent le désordre monétaire international comme de nature à amplifier les conséquences de la crise.

Bien évidemment, l'école keynésienne actuelle est plus nuancée et met l'accent notamment sur l'aspect monétaire de la crise et le rôle de l'inflation.

La notion de confiance

Selon les keynésiens, les agents économiques doivent donc être confiants en l'avenir. Le scepticisme des entrepreneurs est à la base de la persistance du chômage. Cette théorie classique n'est pas la seule à présenter un cadre global d'analyse afin d'expliquer la crise contemporaine et de proposer des solutions.

L'analyse des libéraux

Appelés aussi « néoclassiques », ils retiennent les mêmes causes que les keynésiens pour la crise de 1973, mais donnent des solutions pour le moins très différentes.

La loi du marché

Leur théorie considère l'équilibre des marchés comme suffisant pour faire fonctionner une économie. L'intervention de l'État est réduite à sa plus simple expression. Dans tous les cas, les facteurs extérieurs de la crise ne font qu'aggraver les imperfections des économies industrielles. Ainsi, le niveau des salaires ne doit pas résulter de négociations entre syndicats et patrons, mais doit être fixé par les mécanismes du marché, c'est-à-dire par le libre jeu de l'offre et de la demande. Pratiquement, le niveau des salaires doit baisser en période de récession afin de revenir au plein emploi. Cette théorie va à l'encontre du maintien du salaire minimum et de l'existence de prestations sociales.

4. De 1945 à la crise des années 1970

L'analyse marxiste

L'une des écoles parmi les plus orthodoxes issues du marxisme est celle dite du « capitalisme monopoliste d'État », directement rattachée aux partis communistes nationaux, là où il en existe encore.

Le point de vue de l'orthodoxie marxiste

L'apparition du chômage est directement liée aux mécanismes du capitalisme. En se faisant concurrence, les capitalistes sont obligés de recourir à des concentrations d'entreprises afin de posséder les équipements les plus performants. Cette utilisation massive des machines se fait au détriment de la main-d'œuvre. Le chômage devient alors un mode de régulation de l'activité économique. De même, la force de travail n'est ni plus ni moins qu'une marchandise comme une autre.

Le scénario de la crise pour les marxistes

La crise depuis 1973 révèle que les salariés les moins qualifiés sont les premiers à subir le chômage. En fait, la grande industrie n'est plus entre les mains de quelques grands capitalistes privés. L'activité économique, pour reprendre l'expression de J. K. Galbraith, est dominée par la « technostructure », c'est-à-dire les cols blancs (ingénieurs et experts) qui possèdent le pouvoir. Le clivage n'est plus entre dirigeants et ouvriers, mais passe par les lignes de commandements à l'intérieur du système. La logique capitaliste joue à plein même en période de crise et frappe les plus démunis.

Une nouvelle « lutte des classes »

L'exploitation se situe entre les cadres supérieurs, dont les intérêts sont objectivement liés à ceux des grands actionnaires et le personnel d'exécution. À chaque récession, on choisit le profit au détriment du travail en organisant des licenciements de plus en plus massifs. En allégeant ainsi les coûts, les dirigeants des grandes entreprises permettent notamment

Histoire du XXᵉ siècle

à leurs actionnaires institutionnels (banques, assurances, firmes multinationales, etc.) de maintenir leur niveau de profit voire de les augmenter.

L'analyse des régulationnistes

C'est une école française qui prend pour origine de la crise la fin du fordisme. D'une certaine manière, l'école régulationniste française propose plus un cadre d'analyse au plan historique qu'une véritable théorie avec ses concepts et ses solutions pour sortir de la crise.

> ### Le scénario de la crise pour les régulationnistes
> Véritable « âge d'or », la période des Trente Glorieuses se caractérise par une production sur une grande échelle – le travail à la chaîne d'où la référence à Ford, le constructeur américain – et une consommation de masse. Dans ce mécanisme particulier, l'État veille au bon déroulement du système. Les patrons acceptent les augmentations de salaires en contrepartie du maintien de la paix sociale. De leur côté, les salariés représentés par leurs syndicats négocient les conditions de travail qui intègrent les contraintes de la productivité imposées par les impératifs techniques et l'encadrement.

S'il existe de nombreuses explications de la crise économique contemporaine, aucune n'est capable d'apporter des solutions efficaces pour résorber le chômage massif.

Le problème de l'innovation

L'une des raisons de ce phénomène tient probablement au fait que notre système industriel n'a jamais su intégrer de manière systématique et rationnelle l'innovation sociale comme méthode d'accompagnement du progrès technique. Car toute innovation technique bouleverse, à terme, les rapports de l'homme à l'outil de production avec des conséquences importantes sur le fonctionnement des sociétés.

4. De 1945 à la crise des années 1970

Une nouvelle donne mondiale

Les années 1970 sonnent le glas des certitudes dans le domaine économique et social, notamment dans les pays industriels. En outre, toutes les différentes zones économiques participent aujourd'hui d'un réseau de relations de plus en plus étroites, formant ce que l'on appelle « la globalisation ». C'est ce changement qu'annonce la crise des années 1970. Son aspect le plus dramatique se situe dans le domaine de l'emploi. L'introduction des automates dans les circuits de production et de commercialisation ainsi que le niveau élevé des coûts de main-d'œuvre ont désorganisé l'économie occidentale à un moment où la Chine connaît un « décollage » sans précédent. Comme nous allons le voir, la donne a changé de main et l'on assiste à une recomposition des zones de prospérité.

Chapitre 5
Quelques évolutions du monde contemporain (1980-2005)

Les prémices du monde contemporain

Ces vingt-cinq dernières années sont particulièrement contrastées. Après la remise en cause des certitudes économiques des « Trente Glorieuses » pendant les années 1970, le monde assiste à l'effondrement du communisme en Europe de l'Est et dans l'ex-URSS. C'est la fin de la guerre froide ; plus de soixante-dix ans d'idéologie collectiviste s'effacent en l'espace de quelques années. Cette déstructuration soudaine engendre à la fois des espoirs (réunification de l'Allemagne par exemple), mais aussi de terribles drames comme celui de la guerre civile dans l'ex-Yougoslavie ou encore la propagation du terrorisme dans le monde.

De la même manière, l'influence toujours grandissante des États-Unis dans la direction des affaires du monde engendre des tensions notamment dans les pays arabes.

Le « village planétaire »

Cette fin de siècle s'avère particulièrement déstabilisante, les anciens points de repère s'effaçant brusquement. Dans ces conditions, il est tentant de se raccrocher à de nouvelles idéologies comme celle du « village planétaire », appelée aussi mondialisation. Cette construction intellectuelle est toutefois devenue, à sa façon, une réalité tangible, notamment dans les domaines économique et technologique.

Histoire du XXᵉ siècle

L'effondrement du communisme en Europe et ses conséquences

Les efforts en vue d'un désarmement général entre les deux Grands, entrepris du temps de Khrouchtchev, sont repris par son successeur au Kremlin, Léonid Brejnev. Du côté américain, la méfiance reste de rigueur. Ainsi, au mois de juin 1979, le président Carter annonce la fabrication d'un missile intercontinental, le MX, capable de détruire l'armement soviétique.

La fin de la guerre froide

Dans le même temps, les négociations entre Américains et Soviétiques s'achèvent, à Vienne, par la signature d'un accord SALT II, suite logique de SALT I. Cette période de détente ne doit pas masquer les tensions qui demeurent entre les deux grandes puissances. On observe un certain nombre d'événements annonciateurs de grands bouleversements en Europe de l'Est. C'est le cas en Pologne et en Tchécoslovaquie.

L'opposition tchécoslovaque

Depuis l'écrasement du « printemps de Prague » en août 1968 et l'éviction de Dubcek, la Tchécoslovaquie demeure un pays d'opposants au système soviétique. Le 1ᵉʳ janvier 1977, un groupe d'intellectuels et d'hommes politiques tchécoslovaques signe la Charte 77. Pour ces opposants « la charte 77 n'est pas une organisation », et son but n'est pas de combattre politiquement le régime en place, mais de mener un dialogue avec le pouvoir. Trois personnalités sont chargées de représenter cette tendance réformatrice, dont l'écrivain Vaclav Havel.

5. Évolutions du monde contemporain (1980-2005)

L'agitation polonaise

En Pologne, la situation est différente. On n'a pas affaire à une poignée de militants, mais au peuple tout entier qui, dès le début des années 1970, se révolte contre les décisions et le comportement du parti communiste en place. En outre, l'élection du pape Jean-Paul II, en 1978, redonne espoir aux Polonais. Des grèves éclatent en août 1980, notamment dans les chantiers navals de Gdansk dont le leader est un ouvrier électricien au chômage, de 37 ans, Lech Walesa. Secoué par une crise profonde, le pouvoir est obligé de faire des concessions. Les accords de Gdansk reconnaissent le droit de grève et de s'organiser en syndicats indépendants du parti. Une première dans un pays communiste !

Solidarnosc

Profitant de leur victoire, les représentants des grévistes se réunissent pour fonder un nouveau syndicat à l'échelle nationale, Solidarnosc (Solidarité), et élisent Lech Walesa à sa tête. Entre-temps, le pouvoir se ressaisit. Des militants de Solidarité sont arrêtés et internés. Lech Walesa lui-même est mis en résidence surveillée. En 1981, le syndicat est jugé illégal et dissout.

En février 1981, le général Jaruzelski, ancien ministre de la Défense, prend les commandes du parti. Le 13 décembre 1981, il décrète ni plus ni moins l'état de guerre. Mais l'effondrement du communisme en URSS l'oblige à revoir sa stratégie et surtout à assouplir sa politique. Il est élu, par le Parlement, président de la République le 19 juillet 1989.

Aux États-Unis, l'ère Reagan

Les relations entre les États-Unis et l'URSS prennent un nouveau tournant à partir de 1981. Ronald Reagan, candidat républicain, succède à Jimmy Carter à la tête de l'État américain (janvier 1981). Il remplace l'ancienne

Histoire du XXᵉ siècle

doctrine dite de la « parité » par celle de la « marge de sécurité ». En clair, on assiste à une nouvelle escalade en matière de défense stratégique. L'idée est de maintenir la pression sur les Soviétiques afin de les obliger à reconvertir une partie de leur armement à des fins défensives et non plus offensives.

> **La guerre des étoiles**
>
> En mars 1983, le président américain lance le programme dit « d'initiative de défense stratégique » (IDS) ou « guerre des étoiles ». Ces nouvelles armes doivent pouvoir intercepter les missiles ennemis à diverses phases de leur vol, notamment les missiles balistiques, grâce à un bouclier spatial.

Entre-temps, Leonid Brejnev décède le 10 novembre 1982. Il est remplacé aussitôt par Iouri Andropov. Pendant cette période, on enregistre des tensions entre les deux Grands. Les Soviétiques installent en Europe de l'Est des fusées SS 20 à têtes nucléaires capables d'atteindre l'Europe. De leur côté, les forces de l'OTAN déploient en novembre 1983, en Grande-Bretagne et en RFA, une centaine de missiles à tête nucléaire (Pershing II), destinés à frapper l'URSS en cas de conflit. Les négociations sur le désarmement sont interrompues par les Soviétiques.

Du nouveau à l'Est

Iouri Andropov décède le 9 février 1984. Il est remplacé par Constantin Tchernenko, lequel décède à son tour, laissant sa place, le 10 mars 1985, à Mikhaïl Gorbatchev. La même année, Ronald Reagan entame son deuxième mandat à la Maison Blanche. Les acteurs sont en place pour l'acte final de la guerre froide.

5. Évolutions du monde contemporain (1980-2005)

Vers un désarmement général

L'année 1986 est marquée par la rencontre, à Genève, du président des États-Unis et de son homologue soviétique. En effet, Gorbatchev est inquiet des travaux américains concernant le programme IDS. Par ailleurs, l'économie soviétique commence à s'essouffler. Le courant passe entre les deux hommes qui décident de se revoir l'année suivante. Peu après, un accord est signé portant sur l'élimination des missiles intermédiaires. Le traité est ratifié en 1988, lors du sommet de Moscou. C'est un premier pas vers un désarmement général.

La chute du rideau de fer

Le mouvement s'accélère en 1989. La doctrine du nouveau président américain, George Herbert Walker Bush, ne s'inspire plus de la politique de l'endiguement. Le président américain souhaite que l'URSS s'intègre complètement à la communauté des nations. De son côté, le leader soviétique a engagé son pays dans la voie des réformes. Et, le plus étonnant se produit... Au mois de mai, George Bush demande aux Soviétiques de détruire le rideau de fer, symbole de la guerre froide. Dans la nuit du 9 au 10 novembre 1989, les autorités de RDA décident de faire ouvrir le « mur de la honte » à Berlin. Comme le titre un quotidien français : « L'après-Yalta est commencé ».

L'implosion du communisme en Europe

L'année 1989 restera, dans l'histoire du XXe siècle, l'année de tous les espoirs, mais aussi celle de bien des dangers. Pour l'heure, l'implosion du communisme en URSS et par voie de conséquence en Europe de l'Est soulève une grande espérance.

Histoire du XXᵉ siècle

Les Allemagnes (RFA et RDA) : deux pays, une nation

Le sens de l'histoire

Séparé depuis la création de la RFA et de la RDA en 1949, le peuple allemand renoue avec son histoire quarante ans plus tard. Tout commence en RDA. Le parti communiste allemand s'avère incapable de s'adapter aux réformes préconisées par Gorbatchev. Pire, le parti au pouvoir, le SED, dirigé par Erich Honecker (1971-1989), considère cette nouvelle orientation politique comme dangereuse pour l'autonomie de la RDA. Mais Honecker doit s'effacer et, abandonnés par Moscou, les responsables du parti cèdent en novembre 1989 devant les mécontentements de la population. Une nouvelle constitution prévoit l'instauration du multipartisme. Les autorités de RDA décident, le 9 novembre, de faire pratiquer une ouverture dans le mur de Berlin.

De la démocratie à la réunification

Des élections libres sont organisées pour la première fois dans tout le pays (18 mars 1990). La CDU-Est remporte les élections et c'est Lothar de Maizière qui est chargé de former un nouveau gouvernement. Dès lors, l'intégration politique se poursuit. Le 31 août 1990, la RDA adhère à la RFA. Enfin, des élections sont à nouveau organisées, en décembre 1990, sur l'ensemble du territoire de la nouvelle Allemagne. La CDU obtient près de 44 % des suffrages. Helmut Kohl, qui aura beaucoup œuvré dans ce sens, devient le premier chancelier de l'Allemagne unifiée.

La Pologne

Le 9 décembre 1990, Lech Walesa remporte les élections présidentielles, mais perd celles de 1995 aux dépens de l'opposition de gauche menée par l'ancien communiste Alexandre Kwasniewski qui devient le nouveau président de la République. C'est une défaite autant de Lech Walesa que de l'Église catholique polonaise. Cette défaite électorale de la droite polonaise a différentes causes : discours trop populiste de l'ancien responsable de Solidarité, apparition du chômage... Toutefois aujourd'hui encore,

5. Évolutions du monde contemporain (1980-2005)

et bien qu'il n'exerce plus de responsabilité politique, Lech Walesa jouit d'une grande popularité dans son pays.

Jean-Paul II, un pape d'une prodigieuse activité

Pendant plus de 26 années de pontificat, ce pape d'origine polonaise a accompli 104 voyages apostoliques à l'étranger et 146 visites en Italie. Il a également accordé 1 166 audiences générales au Vatican et rencontré à cet effet 17 600 000 pèlerins. À cela s'ajoutent les 38 visites officielles et près de 1 000 audiences ou rencontres avec des chefs d'État ou des premiers ministres. Par ailleurs, les 19 Journées mondiales de la jeunesse (JMJ) ont rassemblé des millions de jeunes originaires de toutes les régions du monde. Jean-Paul II a procédé aussi à 147 cérémonies de béatification et 51 de canonisation. Ce pape atypique a présidé 15 assemblées d'évêques (des synodes) : 6 ordinaires (1980, 1983, 1987, 1990, 1994 et 2001), une générale extraordinaire (1985) et 8 spéciales (1980, 1991, 1994, 1995, 1997, deux en 1998, et 1999). On lui doit enfin toute une série de documents majeurs dont 14 encycliques (chiffres officiels du Vatican).

La Tchécoslovaquie

Les événements en Pologne et la nouvelle politique soviétique provoquent des remous au sein de la classe dirigeante tchécoslovaque. L'opposition tchécoslovaque déclenche sur l'ensemble du territoire une révolution dite « de velours ». L'écrivain Vaclav Havel, qui est sorti de prison sous la pression de la foule, prend la tête de la contestation populaire qui s'amplifie de mois en mois. Le 24 novembre 1989, le premier secrétaire général du parti communiste tchécoslovaque, Milos Jakes, est remplacé par Karel Urbanek. Le même jour, Alexandre Dubcek, l'homme du « printemps de Prague » en 1968, réapparaît sur le devant de la scène politique et devient président de l'assemblée fédérale (28 décembre 1989). Le lendemain, Vaclav Havel est élu à la présidence de la République par le Parlement.

Histoire du XXᵉ siècle

L'amorce d'une nouvelle donne géopolitique en Europe

Au mois de janvier 1990, l'État tchécoslovaque disparaît donnant naissance à une République fédérative tchèque et slovaque. L'assemblée de cette nouvelle organisation étatique procède à la réélection de Vaclav Havel à la présidence de la République (5 juillet 1990). Enfin, d'un commun accord, Tchèques et Slovaques décident de dissoudre la Fédération de Tchécoslovaquie (31 décembre 1992). Cette décision donne naissance à deux États indépendants : la République tchèque et la Slovaquie.

La Roumanie

Ce pays présente un cas de figure plus dramatique et surtout plus obscur. La Roumanie est dirigée d'une main de fer depuis 1967 par Nicolae Ceausescu. L'opposition y est pourchassée avec une rare violence. La dictature de Ceausescu pose un grave problème à Gorbatchev. En effet, celui-ci désireux de promouvoir sa politique de la transparence se heurte à l'incompréhension du « conducator ». Finalement, le Kremlin décide de l'abandonner à son sort et encourage indirectement l'opposition au régime. Réélu à la tête du parti communiste, en novembre 1989, le dictateur roumain ignore qu'il vit ses dernières semaines.

Timisoara : une manipulation politique ?

La révolution (ou le coup d'État ?) est déclenchée à la suite d'une manifestation violemment réprimée par l'armée à Timisoara, le 16 décembre 1989. Dès le lendemain, les troubles gagnent dans tout le pays. Les époux Ceausescu sont obligés de fuir, tandis qu'un Conseil du front de salut national présidé par Ion Iliescu, investit le pouvoir vacant. Le jour même, le « conducator » et son épouse sont arrêtés. Ils sont jugés sommairement et exécutés trois jours après.

Ion Iliescu, après une éclipse politique en 1996, remporte à nouveau les élections présidentielles à la fin de l'année 2000.

5. Évolutions du monde contemporain (1980-2005)

La Hongrie, la Bulgarie et l'Albanie

L'exemple hongrois

La Hongrie est pour beaucoup dans les événements d'émancipation en Allemagne et en Tchécoslovaquie à la fin de l'année 1989. Pendant cette année charnière, le parti communiste hongrois (PSOH) entreprend en effet de profondes réformes intérieures (reconnaissance du droit de grève, législation sur la presse, indépendance des syndicats, multipartisme, etc.). L'action des réformateurs du parti s'inscrit clairement dans le sens voulu par Gorbatchev. Le 3 mai, le gouvernement hongrois dirigé par Miklos Németh donne l'ordre de démanteler le rideau de fer, permettant ainsi aux Allemands de l'Est en transit sur le territoire hongrois de gagner l'Autriche.

La perestroïka bulgare

Le secrétaire général du parti bulgare, Todor Jivkov, démissionne sur ordre de Moscou du comité central du PCB, le 10 novembre 1989. La date est symbolique puisqu'elle correspond aux premières brèches pratiquées dans le mur de Berlin. À peine nommé par l'assemblée, Petar Mladenov, le nouveau président de la République, rencontre début décembre Gorbatchev à Moscou et confirme son intention de mettre en œuvre la politique de transparence (*perestroïka*) dans son pays. Dès lors, la Bulgarie à l'instar de la Hongrie, chemine vers un État de droit. Enfin, en juillet 2001, l'ancien roi en exil Siméon II est nommé au poste de Premier Ministre.

Le repli albanais

Autre pays des Balkans, le cas de l'Albanie est plus délicat. En effet, après la mort du dictateur stalinien Enver Hodja, en avril 1985, le pays est dirigé par un autre communiste orthodoxe, Ramiz Alia. Les événements survenus dans les pays de l'Est ne semblent pas l'impressionner. Toutefois, la démocratisation des régimes communistes l'oblige à céder en février 1991. Des élections libres sont organisées le mois suivant, qui donnent la

Histoire du XXᵉ siècle

victoire à nouveau aux communistes avec plus de 64 % des voix. Toutefois, en juin 2001, le parti socialiste remporte les élections parlementaires obligeant les communistes à composer avec eux.

La guerre civile dans l'ex-Yougoslavie

La Yougoslavie jusqu'à la mort du maréchal Tito

Pays situé dans la région des Balkans, la Yougoslavie (les Slaves du Sud) est née en 1918 sur les décombres des empires austro-hongrois et ottoman.

Un complexe vivier ethnique et confessionnel

La Yougoslavie présente des particularités ethniques et religieuses. Globalement, le pays est dominé par trois peuples : les Serbes, les Croates et les Slovènes. Face à eux, existe une multitude de nationalités différentes, souvent non slaves, comme les Albanais, les Allemands, les Hongrois ou les Polonais. De même, différentes pratiques confessionnelles coexistent tant bien que mal avec catholiques, orthodoxes, musulmans. Par ailleurs, les Serbes restent attachés au centralisme qui leur permet d'asseoir leur domination sur l'ensemble de la Fédération. Cette savante construction est maintenue en équilibre par des régimes autoritaires se succédant dans le temps, et dont le dernier en date est celui du maréchal Tito.

Une légitimation nationale par la résistance

Le titisme repose sur la constitution du 31 janvier 1946 concrétisant la victoire des partisans communistes en Yougoslavie et sur quelques principes qui l'éloignent du bloc communiste. En 1946, la constitution fédère six Républiques (Serbie, Croatie, Slovénie, Bosnie-Herzégovine, Monténégro et Macédoine) et deux régions sous contrôle serbe (le Kosovo à majorité albanaise et la Voïvodine). Dans un premier temps, Tito se rapproche

5. Évolutions du monde contemporain (1980-2005)

des Soviétiques puis, en raison des stratagèmes de Staline, décide de rompre avec Moscou (28 juin 1948). Dès lors, la Yougoslavie fait cavalier seule tout en se réclamant du marxisme. Par ailleurs, le maréchal Tito est à l'origine du mouvement des non-alignés. Enfin, l'économie yougoslave repose sur le principe de l'autogestion (26 juin 1950).

Une constitution originale

Sur le plan politique, la Yougoslavie connaît quatre autres constitutions. La dernière en date, celle du 21 février 1974, innove en permettant à chaque République d'avoir, tour à tour, la présidence de la Fédération pour une année. Cette disposition vise à apaiser les tensions nationalistes qui se manifestent notamment en Serbie et en Croatie. Mais elle ne résiste pas à la mort du maréchal Tito qui survient le 4 mai 1980.

L'après-titisme et la disparition de la Yougoslavie

Après la mort de Tito, les décisions prises par la présidence annuelle, selon le principe de rotation, sont systématiquement contestées par les autres Républiques. Les Serbes, très attachés au principe du centralisme, estiment que la nouvelle constitution pousse le régime vers une confédération d'États, risquant de provoquer à terme l'éclatement de la Fédération. La Croatie et la Slovénie souhaitent obtenir leur indépendance et contestent les prélèvements importants dont elles font l'objet en raison de leur relative richesse, visant à rééquilibrer la situation économique avec les autres républiques de Yougoslavie.

La crise politique au Kosovo

Le Kosovo est à l'origine de l'implosion de la Yougoslavie en tant qu'État fédéral. Cette région autonome est peuplée en majorité d'Albanais, mais sous contrôle des Serbes. Ceux-ci considèrent que cette province fait historiquement partie de la grande Serbie. Or, dès 1981, de violents incidents éclatent entre les Albanais et les Serbes minoritaires de cette région. Étudiants et ouvriers réclament de meilleures conditions de vie.

Histoire du XXᵉ siècle

De leur côté, les Serbes se plaignent d'être victimes des agissements des Albanais.

La griffe de Slobodan Milosevic

En 1986, les communistes serbes se donnent un nouveau chef en la personne de Slobodan Milosevic. Ce personnage charismatique épouse la cause des Serbes du Kosovo et se lance dans une « croisade » qui ne fait qu'attiser les passions nationalistes des deux côtés. Il va même jusqu'à pourfendre le découpage de la Yougoslavie par Tito. Quand il devient président de la Serbie, Milosevic décide unilatéralement de supprimer l'autonomie du Kosovo et de la Voïvodine. À partir de là commence un processus de désintégration de la Yougoslavie lié, d'une part, à la volonté d'indépendance des différentes Républiques et, d'autre part, à l'incapacité du gouvernement fédéral de rétablir la situation politique antérieure.

Les difficultés économiques de la Yougoslavie

Pendant les années 1980, la Yougoslavie enregistre un taux d'inflation à trois chiffres et un chômage important puisqu'il dépasse le million de personnes. Cette situation assez surprenante pour un pays socialiste est due en partie à la corruption des élites et aux mauvais scores du commerce extérieur. La crise économique qui s'ensuit alimente une contestation grandissante au fil des années. Privé de son fondateur, Tito, le pays tout entier s'enfonce inexorablement dans le désordre et l'anarchie. En outre, les Serbes se présentent comme les seuls garants de l'unité du pays et veulent à tout prix maintenir la structure fédérale. L'affrontement avec les autres communautés devient alors inévitable.

La guerre civile dans l'ex-Yougoslavie

La guerre éclate au début de l'année 1991 et dure 43 mois. Après bien des vicissitudes, Européens et Américains parviennent à fixer, sur le papier, les termes d'un accord en vue de rétablir la paix en Bosnie. C'est l'accord de

5. Évolutions du monde contemporain (1980-2005)

Dayton conclu aux États-Unis le 21 novembre 1995 et signé à Paris le mois suivant par les trois parties intéressées, à savoir le Serbe Milosevic, le Croate Tudjman et le Bosniaque Izetbegovic.

> **Capitale : Sarajevo**
>
> Le traité de paix prévoit notamment le partage de la Bosnie entre une fédération croato-musulmane (51 %) et les Serbes de Bosnie (49 %), réunis au sein de l'État de Bosnie-Herzégovine. De ville assiégée durant le conflit, terrain de chasse des sinistres snipers, Sarajevo devient la capitale de la Bosnie-Herzégovine réunifiée.

Le drame yougoslave est à rapprocher, par certains côtés, de la situation politique de l'ex-URSS où de nombreuses communautés manifestent leur volonté de recouvrer leur liberté.

La disparition de l'URSS et la naissance de la Russie actuelle

La Russie a toujours joué dans l'histoire de l'Union soviétique un rôle politique et idéologique fondamental. La disparition de l'URSS, en 1991, en tant que « sujet de droit international et géopolitique » oblige les Russes à repenser la place qu'occupe leur pays dans la marche du monde.

Un héritage historique dilapidé

La Russie n'incarne plus les valeurs de « progrès » qui ont fait d'elle pendant plus de soixante-dix ans une grande puissance au sein de l'Union des Républiques soviétiques. Par ailleurs, l'apprentissage de la démocratie pluraliste et de l'économie libérale ne se fait pas sans difficultés. L'histoire de la Russie d'aujourd'hui s'ouvre donc sur les décombres de l'ancienne puissance socialiste.

Histoire du XXe siècle

L'Union soviétique en péril

Depuis l'année 1989, les événements s'accélèrent en URSS. Le 19 septembre, Gorbatchev, annonce une plus grande autonomie des Républiques soviétiques. Il ne s'agit encore que d'une réorganisation de l'Union. Le tournant décisif se situe l'année suivante. Dès le mois de mars 1990, la Lituanie proclame son indépendance. Le même mois, le parti communiste soviétique perd ses prérogatives dans la direction des affaires de l'URSS au profit d'un système présidentiel. Parallèlement à ces faits, les Républiques d'Estonie et de Lettonie, plus prudentes, tentent d'engager un processus d'indépendance assorti d'une « période de transition ». La bombe qui va faire disparaître l'Union soviétique est amorcée.

Le coup de force soviétique en Lituanie

Les dirigeants soviétiques craignent que l'exemple de la Lituanie ne fasse tache d'huile. Aussi des forces militaires sont-elles envoyées dans la capitale lituanienne, au mois de mars 1990, afin de soutenir les anti-indépendantistes. La situation s'envenime au fil des mois et débouche sur un début de crise internationale en janvier 1991 lorsque les troupes soviétiques prennent d'assaut tous les centres nerveux de Vilnius. Le président de la Lituanie, Vytautas Landsbergis, lance un appel angoissé aux gouvernements occidentaux.

La « boîte de Pandore » de l'autonomie

- En 1990, de nombreuses Républiques de l'Empire soviétique affirment leur souveraineté :
- Russie (12 juin).
- Géorgie et Ouzbékistan (20 juin).
- Moldavie (23 juin).
- Ukraine (16 juillet).
- Biélorussie (27 juillet).

5. Évolutions du monde contemporain (1980-2005)

- Arménie et Turkménistan (23 août).
- Tadjikistan (24 août).
- Azerbaïdjan (23 septembre).
- Kazakhstan (26 octobre).

Enfin, au mois de novembre 1990, un projet de traité définissant les nouvelles structures de l'État fédéral appelé « Union des Républiques souveraines soviétiques » est publié, ce qui inquiète les tenants de l'orthodoxie communiste. Le traité a été négocié avec le deuxième homme fort de l'URSS, Boris Eltsine, élu, au mois de juin de la même année, président de la nouvelle République de Russie. En voulant trop réformer, Gorbatchev se retrouve sous le feu d'une vive opposition comprenant une mosaïque d'intérêts dont le dénominateur commun réside dans le maintien de la situation antérieure.

L'accident nucléaire de Tchernobyl (26 avril 1986)

À la suite de l'explosion du réacteur et sous l'effet du vent, un nuage radioactif se répand pendant plusieurs jours au-dessus de nombreux pays. Par ailleurs, la contamination de l'air en France atteint son pic maximal entre les 1er et 3 mai. L'examen cartographique de cette pollution indique que toutes les régions ont été touchées, le nord-est restant la zone la plus atteinte. D'un point de vue général, les conséquences humaines de cette catastrophe restent toujours difficiles à établir. Selon certaines sources, 67 000 personnes seraient mortes en Russie entre 1990 et 2004 des suites de l'explosion du réacteur de Tchernobyl.

Le coup d'État contre Gorbatchev

Le 19 août 1991, à 6 heures du matin (heure de Moscou), l'Union soviétique se réveille avec à sa tête un « Comité d'État pour l'état d'urgence ». En clair, Gorbatchev est évincé du pouvoir. Les responsables du coup d'État

Histoire du XXᵉ siècle

sont des conservateurs inquiets des réformes de Gorbatchev et de son pouvoir personnel. Mais dès le début, le putsch semble mal préparé. En effet, Gorbatchev est retenu prisonnier dans sa résidence balnéaire de Foros sur la presqu'île Saritch, où les putschistes tentent de lui arracher un accord ou à défaut sa démission officielle. La situation se retourne le lendemain grâce à l'action décisive de Boris Eltsine soutenu par les États-Unis.

Boris Eltsine et Vladimir Poutine

En août 1999, Boris Eltsine nomme comme Premier Ministre un ancien cadre du KGB, Vladimir Poutine. Ce dernier doit faire face à une vague d'attentats dont les auteurs présumés sont censés être des fondamentalistes tchétchènes. L'année suivante, en mars 2000, Vladimir Poutine est élu président de la Fédération de Russie. Dès son arrivée au pouvoir, il prend le contrôle des médias et des grands secteurs de l'économie. Les attentats du 11 septembre 2001 lui permettent de se rapprocher des pays occidentaux dans la lutte contre le terrorisme. Bien que le problème tchétchène ne soit toujours pas résolu, il devient très populaire en Russie et remporte triomphalement les élections présidentielles en mars 2004.

Un coup fatal porté à l'URSS

Dès lors, Gorbatchev n'est plus le leader incontesté de l'URSS malgré son retour au pouvoir. Il doit partager la vedette avec Eltsine et la puissante Russie. Quelque temps après, l'ensemble des Républiques proclament leur indépendance. Le projet d'union est enterré et remplacé, en accord avec Gorbatchev, par une « Communauté d'États indépendants » (CEI). Il est décidé également de la disparition de l'URSS. Le 19 décembre, la Russie s'approprie le Kremlin ainsi que l'ensemble des locaux de l'ancien régime. Gorbatchev annonce sa démission le 25 décembre 1991. L'URSS n'existe plus !

5. Évolutions du monde contemporain (1980-2005)

Tout aussi profonds soient-ils, les bouleversements survenus en Europe centrale et orientale sont loin d'être les seuls événements historiques importants de cette période.

Des conflits régionaux aux conflits mondialisés : tendances récentes

Les spécialistes de la polémologie (étude de la guerre en tant que phénomène d'ordre social) soulignent que, depuis la fin des années 1980, les conflits entre grandes puissances industrielles ont pratiquement disparu. En revanche, ils notent que beaucoup de « conflits contemporains s'éternisent ou réapparaissent de façon récurrente ». En outre, les stratèges militaires américains ont développé, depuis les attentats du 11 septembre 2001, le concept de « guerre asymétrique », c'est-à-dire conduite par « des opposants dont la base peut ne pas être un État-nation, mais une idéologie ou une religion ».

Le conflit israélo-palestinien : un conflit qui s'éternise depuis 1948...

Le partage de la Palestine en vue de la création d'un État israélien remonte, d'un point de vue juridique, à la décision de l'Assemblée générale des Nations unies, le 29 novembre 1947 (résolution 181). Cette décision provoque l'exode de très nombreux Palestiniens. La naissance officielle de l'État hébreu est proclamée par David Ben Gourion, le 14 mai 1948. Les affrontements entre la communauté juive, victime de l'Holocauste lors de la Seconde Guerre mondiale, et les États arabes débutent l'année même de la création de l'État d'Israël.

Histoire du XXᵉ siècle

Côté palestinien : une guerre de libération

Pour les Palestiniens, il s'agit fondamentalement d'une guerre de libération qu'incarne la figure du chef charismatique de l'OLP, Yasser Arafat. Pour certains Arabes, le conflit revêt une signification plus religieuse. Il en est ainsi des islamistes du Hamas (Mouvement de la Résistance islamique), dont l'instigateur est cheikh Ahmed Yassine. Selon eux, la Palestine est une « propriété sainte » (un *waqf*), qui ne peut « être dilapidée ou abandonnée à d'autres ». La charte du nouveau mouvement précise que le Hamas se veut d'abord un mouvement islamique, d'où les divergences avec l'OLP.

> ### *Yasser Arafat (1929-2004)*
> Arafat fonde en 1954 un mouvement nationaliste, le Fatah, dont le premier congrès se tient en octobre 1959. Dès le début, il est guidé par deux principes : une méfiance à l'égard des dirigeants arabes qui refusent d'armer les Palestiniens et une foi dans la lutte armée contre les troupes israéliennes dans la bande de Gaza. En mai 1964 est créée l'Organisation de Libération de la Palestine (OLP), dont Yasser Arafat et ses amis prennent le contrôle en février 1969. L'influence d'Arafat ne cesse dès lors de grandir.

Véritable leader palestinien, Yasser Arafat n'a eu de cesse d'affirmer sa vision politique du problème palestinien, ce qui l'a obligé avec le temps à composer avec l'État hébreu.

L'autre grande figure palestinienne, le cheikh Yassine, opposera toujours un refus à toutes négociations avec Israël pour des raisons religieuses.

> ### *Cheikh Ahmed Ismaël Yassine (1938-2004)*
> Le cheikh Yassine adhère en 1955 au mouvement des Frères Musulmans d'Égypte. En 1978, il fonde l'Université islamique de Gaza. C'est alors un pacifiste, si bien que le pouvoir hébreu voit en lui un contre-pouvoir à l'influence grandissante de Yasser Arafat. Lors de la guerre du Liban en

5. Évolutions du monde contemporain (1980-2005)

1982, il crée le mouvement des moujahidins palestiniens et se lance dans la lutte armée. De 1984 à 1997, il fait l'objet de plusieurs condamnations pour conspiration contre l'État hébreu. C'est lui qui fonde, en décembre 1987, le Hamas, branche autonome des Frères Musulmans, qui est à l'origine de nombreux attentats à partir de 1989. Le cheikh Yassine est tué par les Israéliens dans la bande de Gaza, le 22 mars 2004. Le nouveau leader politique du Hamas est actuellement Mahmoud Al-Zahar.

L'enjeu de la bande de Gaza

Sous mandat britannique avant 1948, ce territoire d'une superficie d'environ 360 kilomètres carrés longe le littoral, et a une frontière avec l'Égypte et Israël. Les Israéliens profitent de la guerre des Six Jours (5-10 juin 1967) pour l'annexer. C'est d'ailleurs de cette période que datent les premières implantations de colonies juives dans les territoires occupés qui, au final, comprennent la bande de Gaza, le Golan, la Cisjordanie et Jérusalem-Est.

Un conflit en quête d'arbitrage

Après la guerre des Six Jours remportée par les Israéliens, les Égyptiens et les Syriens tentent de reconquérir les territoires occupés. C'est la guerre du Kippour (6 octobre 1973). Les hostilités prennent fin par une résolution des Nations unies. Le mois suivant, l'OLP devient le représentant officiel du peuple palestinien. En novembre 1974, l'ONU, suite à un discours de Yasser Arafat, reconnaît le droit des Palestiniens à l'indépendance et à l'autodétermination.

Les Intifadas palestiniennes

En décembre 1987, commence la première « guerre des pierres » (appelée Intifada). C'est une révolte des Palestiniens contre l'occupation militaire israélienne. Elle sera suivie d'une seconde révolte, en septembre 2000, à la suite de la visite d'Ariel Sharon sur l'esplanade des Mosquées.

Histoire du XXᵉ siècle

Les accords de Camp David

Les événements s'accélèrent pendant l'année 1977. Menahem Begin, représentant de la droite israélienne, devient Premier Ministre (mai). Par ailleurs, Américains et Soviétiques font une déclaration conjointe en faveur de la paix au Proche-Orient. Enfin, le président égyptien Anouar Al Sadate entreprend un voyage à Jérusalem. En septembre 1978, les Égyptiens signent avec les Américains et les Israéliens les accords de Camp David. Ce traité est condamné par le sommet arabe de Bagdad en novembre.

L'amorce d'un processus de paix

Le début des années 1990 marque une nouvelle étape dans le processus de paix. Fin 1991, George Herbert Walker Bush et Mikhaïl Gorbatchev ouvrent les premières négociations bilatérales entre les Israéliens et leurs voisins arabes. C'est la conférence de Madrid. L'OLP devient, par ailleurs, un interlocuteur incontournable dans le processus de paix ; elle est reconnue par Israël en septembre 1993.

Les accords d'Oslo

Des négociations secrètes ont lieu à Oslo entre l'OLP et Israël, qui débouchent le 13 septembre 1993 sur un accord de reconnaissance mutuelle signé à Washington, dit aussi « Déclaration de principes ». Ce processus de paix d'Oslo pose les bases d'un régime d'autonomie palestinienne en Cisjordanie et à Gaza, et d'un règlement définitif du statut de Jérusalem et des colonies. Suit un deuxième accord dit « Accord d'autonomie sur Gaza-Jéricho », qui est signé le 4 mai 1994 et concerne la mise en place d'une Autorité palestinienne. L'accord définit aussi une période intérimaire devant se terminer en 1999. Enfin, un dernier accord est signé à Washington le 28 septembre 1996 appelé « Accord intérimaire sur la Cisjordanie et Gaza ». Il s'agit de mettre en place la forme géographique et matérielle de l'autonomie palestinienne prévue par la « déclaration de principes ».

5. Évolutions du monde contemporain (1980-2005)

Vers une reconnaissance mutuelle

Entre-temps, en septembre 1995, un nouvel accord est signé à Washington, entre l'Israélien Itzhak Rabin et le leader de l'OLP Yasser Arafat, à l'instigation du Président Bill Clinton. Cet accord concernant l'extension de l'autonomie à la Cisjordanie est dit « Oslo II ». L'armée israélienne libère la bande de Gaza et la zone de Jéricho qui deviennent officiellement territoire palestinien. Ce retrait est suivi d'un transfert d'autorité dans de nombreux domaines (éducation, culture, santé, impôts, etc.). Un conseil palestinien est en charge des affaires publiques du nouvel État palestinien. Yasser Arafat est élu le 20 janvier 1996 président de cet organisme ; son mouvement remporte les deux tiers des sièges au Conseil législatif.

La colombe ensanglantée

La paix au Proche-Orient demeure à cette époque encore bien fragile comme en témoigne l'assassinat du Premier Ministre israélien Itzhak Rabin, le samedi 4 novembre 1995, à Tel-Aviv. Il est remplacé par Shimon Peres. C'est la seconde fois, dans son histoire, que l'État hébreu voit un Israélien tuer un autre Israélien pour des raisons politiques. Le précédent remonte au 10 février 1983. Déjà, lors d'un meeting du mouvement « La Paix maintenant », à Jérusalem, un manifestant avait été tué par des extrémistes ultranationalistes. Preuve que l'intégrisme existe dans toutes les religions et qu'il constitue un frein à l'avènement d'une paix durable dans cette région du monde.

La persistance des tensions

Le 29 mai 1996, les élections législatives israéliennes sont remportées par le parti de Benjamin Nétanyahou, le Likoud, fortement opposé aux accords d'Oslo. Pour d'autres raisons, le Hamas les rejette également. La coexistence entre l'État hébreu et la nouvelle Autorité palestinienne est soumise à bien des épreuves. En février et mars 1996, le Hamas est à l'origine d'une série d'attentats dans plusieurs villes d'Israël suite à

Histoire du XXᵉ siècle

l'assassinat d'un de ses membres. Néanmoins, en avril de la même année, le conseil national palestinien reconnaît officiellement le droit à l'existence de l'État d'Israël.

Une lueur d'espoir

En 1998 et 1999, deux accords importants sont signés. D'une part, l'accord de Wye River (23 octobre 1998) qui relance le processus d'Oslo et permet à l'Autorité palestinienne de récupérer des territoires supplémentaires situés en Cisjordanie. D'autre part, l'accord de Charm El-Cheikh (4 septembre 1999) qui redéfinit le calendrier d'application de l'accord précédent. Ce second accord est rendu possible grâce à l'élection le 17 mai 1999 d'Ehoud Barak en remplacement de Benjamin Nétanyahou.

Le cycle de la violence

Mais la violence de la seconde Intifada de septembre 2000 met en danger les accords entre Israéliens et Palestiniens. De nouvelles négociations à Charm El-Cheikh sont suspendues, qui échouent à nouveau à Washington en janvier 2001. Bill Clinton, qui pensait obtenir un accord définitif de paix quitte le pouvoir. George Walker Bush le remplace à la tête de l'État américain. Au mois de février de la même année, Ariel Sharon est élu Premier Ministre d'Israël. Les tensions persistent entre Palestiniens et Israéliens, se focalisant sur le problème des territoires occupés par les Israéliens. Par la suite, Ariel Sharon enclenche unilatéralement ce processus de retrait, provoquant de vives réactions au sein de l'opinion israélienne.

Ariel Sharon : une effigie à deux visages

Un chef de guerre. Ariel Scheinerman (dit Ariel Sharon) est né en 1928 à Kfar Malal près de Jaffa en Palestine, dans une famille d'agriculteurs. Il est commandant de section pendant la guerre de 1948. Pendant la guerre de 1956, Sharon est commandant d'une brigade de parachutistes. En 1962, il est commandant des brigades blindées de l'armée israélienne, mais quitte l'armée en 1973. En décembre de la même année, il est élu à

5. Évolutions du monde contemporain (1980-2005)

la Knesset (parlement israélien) sur les listes du Likoud (parti dominant de la droite nationale israélienne). Il devient ensuite ministre de l'Agriculture dans le premier gouvernement de Menahem Begin ; il a également en charge le problème des colonies de peuplement.

En 1981, Ariel Sharon prend le poste de ministre de la Défense dans le second gouvernement Begin. De 1984 à 1998, Ariel Sharon exerce diverses fonctions ministérielles sous différents gouvernements. Le 2 septembre 1999, il remplace Benjamin Nétanyahou, démissionnaire, à la présidence du Likoud. Par ailleurs, on lui reproche sa visite à la Mosquée al-Aqsa pendant l'année 2000 ; ce déplacement serait à l'origine du déclenchement de la deuxième Intifada palestinienne.

Le massacre de Sabra et de Chatila

En septembre 1982, en pleine guerre du Liban, Ariel Sharon est accusé d'être responsable des massacres des camps palestiniens de Sabra et de Chatila perpétré par les milices chrétiennes. Il démissionne de son poste de ministre l'année suivante. En juin 2001, il fait l'objet d'une plainte en Belgique pour crime contre l'humanité au sujet de ce sombre épisode. Toutefois, l'action judiciaire est abandonnée pour des raisons juridiques.

L'homme politique. *Sharon remporte les élections du 6 février 2001 et devient Premier Ministre d'Israël. Farouche partisan de la colonisation des territoires occupés, il se rapproche néanmoins de George W. Bush lorsqu'il présente son plan de désengagement unilatéral des colonies juives dans la bande de Gaza. Ce plan est accepté par la Knesset en octobre 2004. Suite à la mort de Yasser Arafat, il noue des contacts avec le nouveau président palestinien, Mahmoud Abbas, afin de mettre en place un processus de normalisation des rapports entre Israéliens et Palestiniens. Le 24 novembre 2005, Sharon crée son propre parti : Kadima (En avant) d'orientation centriste. Victime d'une deuxième attaque cérébrale, le 4 janvier 2006, il quitte définitivement la scène politique.*

Histoire du XXᵉ siècle

Un processus de paix bloqué ?
Actuellement, tous les faits concourent à un blocage du processus de paix. D'une part, le Premier Ministre israélien, Ariel Sharon, est donc désormais en retrait de la scène politique, et, d'autre part, le Hamas a remporté les élections législatives palestiniennes du 25 janvier 2006. Enfin, la guerre menée par Israël au Liban (juillet-août 2006), témoigne d'une instabilité totale de toute la région.

La guerre contre l'Irak : une guerre récurrente contre une dictature

L'Irak jusqu'à la première guerre du Golfe

Après la Première Guerre mondiale, l'Irak et la Palestine passent sous contrôle britannique. Le pouvoir politique (une monarchie hachémite) est assumé par le roi Fayçal Iᵉʳ (1921-1933). Pendant les années 1920, luttant pour leur autonomie, les Kurdes se soulèvent à plusieurs reprises. L'indépendance de l'Irak est obtenue le 3 octobre 1932, mais les Britanniques restent implantés militairement dans le pays jusqu'en 1945, contrôlant les rouages du pays. L'autre tournant important remonte à 1927, année pendant laquelle sont découverts des champs pétrolifères dans le nord de l'Irak. Enfin, le développement de la colonisation juive en Palestine, sous domination britannique, attise les tensions avec les nationalistes irakiens.

Émergence du parti Baas

En 1943 est fondé un mouvement politique d'origine syrienne, le parti Baas (« renaissance » en arabe), dont l'un des objectifs est la constitution d'une nation arabe unifiée. Après le renversement de la monarchie en 1958, un nouveau coup d'État fomenté par le général Hassan el-Bakr permet dix ans plus tard au parti Baas de prendre les rênes de la vie politi-

5. Évolutions du monde contemporain (1980-2005)

que irakienne. Les tensions avec les Kurdes persistent en dépit de la création d'une région kurde autonome en 1970 et de la promulgation d'une loi d'autonomie en 1974. En 1972, le gouvernement irakien nationalise la compagnie pétrolière occidentale : l'Iraq Petroleum. Et, en juillet 1979, le général Hassan el-Bakr se retire du pouvoir ; il est remplacé par le numéro deux du parti Baas : Saddam Hussein.

Les guerres de Saddam Hussein

Outre le parti et l'armée, Saddam Hussein contrôle très vite sans partage le pays.

Un pouvoir sans limites

▶ Le Conseil de commandement de la Révolution (CCR) dominé par des sunnites comme lui et les membres de sa famille est sous la coupe du chef de la nation.

▶ Saddam Hussein institue des tribunaux révolutionnaires.

▶ Il organise sa garde républicaine, véritable corps d'élite attachée aux intérêts du dictateur, ainsi que des milices destinées à encadrer la population.

▶ Par ailleurs, il utilise des méthodes peu orthodoxes, comme l'assassinat, pour éliminer les opposants au régime ou encore des rivaux. Il n'hésite pas non plus à employer des gaz chimiques dans la guerre avec l'Iran et contre les minorités kurdes d'Irak.

Les pays occidentaux ferment un temps les yeux sur les agissements de Saddam Hussein car il le considère comme un rempart par rapport aux islamistes.

La guerre Iran-Irak

En février 1979, l'Iman Khomeiny renverse le régime du Shah d'Iran et instaure la révolution islamique. Ce régime autocratique dirigé par des religieux intégristes fait peur aux Occidentaux ainsi qu'au laïque Saddam

Histoire du XXᵉ siècle

Hussein. Le 22 septembre 1980, l'armée irakienne envahit l'Iran en attaquant la province pétrolière du Khouzistan. Le conflit s'enlise très vite. Cette guerre d'usure dure pratiquement huit ans. Un cessez-le-feu intervient en juillet 1988 sur proposition de l'ONU. Saddam Hussein s'en tire néanmoins avec les honneurs puisqu'il estime avoir fait plier le régime des mollahs.

La guerre du Golfe

Pendant ces longues années, les pays voisins de l'Irak (Koweït, Arabie saoudite, etc.) interviennent auprès du dictateur irakien pour apaiser les tensions et surtout éviter un blocus du Golfe à cause des intérêts pétroliers en jeu. Mais le dictateur irakien ne s'arrête pas là. Il décide de s'emparer des réserves pétrolières koweitiennes afin de peser sur les décisions des pays producteurs de pétrole (l'OPEP). Deux ans plus tard, le 2 août 1990, son armée envahit le Koweït. Les pays occidentaux réagissent à cette violation du droit international. Souhaitant maintenir leur domination dans la région du Golfe, les Américains lèvent une armada qu'ils acheminent sur la péninsule Arabique. L'offensive a lieu du 17 janvier au 28 février 1991. Saddam Hussein est chassé du Koweït.

Saddam Hussein

Il est né le 28 avril 1937 à Takrit dans un milieu paysan. L'ascension politique de Saddam Hussein débute avec le coup d'État du 17 juillet 1968. Il s'allie avec le général Al-Bakr et engage aussitôt une action d'encadrement des officiers de l'armée. L'année suivante, il accède à la vice-présidence du Conseil de commandement de la révolution. Appuyé par le général Al-Bakr, il purge le parti Baas. Dans l'ombre du président de la République, Saddam Hussein devient progressivement le véritable homme fort du régime jusqu'en 1979 où il instaure sa dictature. Après bien des conflits, suite à l'envahissement de l'Irak par les forces dirigées par les États-Unis, Saddam Hussein est arrêté le 13 décembre 2003. Il comparaissait récemment devant un tribunal spécial en Irak.

5. Évolutions du monde contemporain (1980-2005)

La guerre contre l'Irak

De la guerre des nerfs...

À l'issue de ce premier conflit, les États-Unis renforcent leur position et restent implantés militairement dans la région, contrôlant ainsi l'accès au pétrole. En outre, les Américains et les Britanniques exigent le désarmement de l'Irak, soupçonnant ce pays de détenir des « armes de destruction massive ». Saddam Hussein entreprend alors une guerre des nerfs avec les spécialistes de l'ONU chargés d'inspecter les sites sensibles sur le territoire irakien. Le 16 décembre 1998, les forces américano-britanniques déclenchent l'opération « Renard du désert ». En quatre jours, plus de 400 missiles de croisières s'abattent sur environ 80 sites stratégiques irakiens !

... à la guerre d'invasion

Le 12 septembre 2002, le 43e président américain George W. Bush met en demeure Saddam Hussein de « retirer ou détruire immédiatement et sans conditions toutes ses armes de destruction massive ». Tony Blair, le Premier Ministre britannique, sous couvert d'un rapport de ses services secrets, soutient que l'Irak « continue de développer des armes de destruction massive ». Cette véritable opération de désinformation est en fait destinée à préparer l'opinion mondiale à l'imminence d'une « guerre d'invasion » des forces américano-britanniques en Irak.

Depuis le 1er mai 2003, date officielle de la fin des hostilités par les troupes de la coalition, le pays est occupé militairement. Saddam Hussein est capturé par la suite et les autres responsables de l'ancien régime irakien sont pourchassés. Après un régime transitoire, de nouvelles institutions sont en train de naître dans ce pays malgré de très nombreux attentats terroristes, dont certains sont revendiqués par le réseau Al-Qaïda.

Lors de son jugement, Saddam Hussein conteste les crimes qui lui sont reprochés ainsi que la légalité du tribunal.

Histoire du XXᵉ siècle

Un imbroglio international

Le 17 mars 2003, George W. Bush affirme devant le Congrès américain que « le Conseil de sécurité des Nations unies ne s'est pas montré à la hauteur de ses responsabilités ». Il sort ainsi du processus diplomatique afin de se délier les mains et lance, dans le même message, un ultimatum à Saddam Hussein l'enjoignant de quitter l'Irak sous 48 heures. Le dictateur irakien refuse, et le 20 mars 2003 les premiers bombardements ont lieu sur Bagdad. Le 9 avril, Bagdad est entre les mains des forces américaines et de leurs alliés. D'autres grandes puissances comme la France, l'Allemagne et la Russie, refusent de participer à cette ultime opération militaire, estimant que l'Irak ne possède plus d'armes dangereuses. Ce qui s'avèrera parfaitement exact par la suite !

Le guêpier irakien

Des élections législatives se sont tenues en Irak le 15 décembre 2005. L'Alliance irakienne unifiée (c'est-à-dire les chiites conservateurs) a pris le pouvoir. Ce mouvement comprend le parti Dawa du Premier Ministre, Ibrahim Al-Jaafari, le Conseil suprême de la révolution islamique en Irak dirigé par Abdel Aziz Al-Hakim et des proches de la mouvance radicale de Moqtada Al-Sadr. Son programme portait notamment sur le renforcement de la nouvelle constitution et la fin de la présence des Américains en Irak.

Sur fond de guerre civile

Les deux autres forces en présence sont composées de la coalition kurde et de la coalition sunnite dite modérée. Toutefois, la situation irakienne reste extrêmement préoccupante en raison des tensions ethniques et religieuses.

5. Évolutions du monde contemporain (1980-2005)

La lutte contre le réseau Al-Qaïda : un exemple de « guerre asymétrique »

Cette théorie de la guerre contemporaine est également appelée par les spécialistes « guerre de la quatrième génération », ou encore « conflit non étatique ». On y trouve pêle-mêle la lutte contre la mafia internationale (notamment dans le domaine de la drogue), mais aussi les actions menées, depuis plusieurs années, par les réseaux terroristes comme celui d'Al-Quaïda dont le fondateur est Oussama Ben Laden. La genèse d'Al-Quaïda est particulièrement intéressante pour comprendre la nature des nouveaux conflits ainsi engendrés.

La guerre contre les Soviétiques en Afghanistan

À la suite de l'invasion soviétique en Afghanistan en 1980, les États-Unis décident de soutenir la rébellion contre le gouvernement procommuniste de Babrak Kamal. Ainsi, la CIA avec la collaboration des services de renseignements pakistanais, l'Inter Service Intelligence (ISI), participe à la formation et à l'entraînement de nombreux intégristes musulmans venus combattre l'Union soviétique sur le sol afghan.

L'instrumentalisation américaine des islamistes

Cette opération concerne, au début, quelque 35 000 recrues, dont Ben Laden, provenant de 40 pays islamiques. Tenue secrète à l'époque, cette implication américaine résulte d'une directive signée de la main du président Ronald Reagan. Cette action planifiée n'est pas dénuée de toute arrière-pensée. En effet, Pakistanais, Américains et islamistes profitent de l'occasion pour lutter contre l'influence communiste dans le monde, symbolisée ici par l'URSS. Oussama Ben Laden ne pouvait ignorer les intentions réelles de ses commanditaires.

Histoire du XXᵉ siècle

Le bourbier afghan

Parallèlement, on assiste, dans cette région du monde, au développement de la production d'héroïne probablement destinée à financer la guérilla. Les troupes soviétiques quittent l'Afghanistan en 1989 laissant derrière elles une guerre civile. En 1995, le gouvernement de Kaboul est renversé et les talibans instaurent un régime islamiste intégriste qui se retourne très vite contre les populations, notamment les femmes. Mais les États-Unis ferment les yeux.

Le retour de flamme du 11 septembre 2001

Après les attentats du 11 septembre 2001, George W. Bush décide d'intervenir militairement en Afghanistan. Le but officiel est de détruire le réseau Al-Qaïda. Quelques années auparavant, en effet, plusieurs attentats à la bombe sont attribués à Ben Laden notamment au Kenya et en Tanzanie. Enfin, d'après les responsables de l'armée française, présente en Afghanistan en 2004, Ben Laden aurait été identifié précisément à la frontière avec le Pakistan. Les forces spéciales américaines engagées dans ce conflit n'ont, semble-t-il, pas donné suite à cette information !

Oussama Ben Laden

Il est issu d'une riche famille saoudienne, originaire du Yémen. Dans le droit fil de son ascendance familiale, avant les événements du 11 septembre, Ben Laden dirigeait une société de construction. Dans le cadre de la lutte contre les Soviétiques en Afghanistan, il crée un réseau financé en partie par des fonds américains. Quelle était donc la nature exacte du contrat passé entre Ben Laden et la CIA ? Cet aspect reste mystérieux, sachant que le chef d'Al-Quaïda a ensuite retourné son organisation contre les intérêts américains. Ainsi, en février 1998, il annonce la création du « Front islamique internationale contre les juifs et les croisés ». Et il lance une fatwa, dans laquelle il appelle « chaque musul-

5. Évolutions du monde contemporain (1980-2005)

man qui croit en Dieu à tuer les Américains et à piller leurs richesses ». Ses véritables motivations n'en demeurent pas moins obscures, comme en témoignent ces propos : « Je n'ai rien contre le peuple américain, seulement contre son gouvernement. » Depuis les attentats perpétrés à New York, en septembre 2001, et malgré une traque très médiatisée, Ben Laden demeure introuvable.

Une menace terroriste tous azimuts

L'exemple du chef d'Al-Qaïda a fait des émules un peu partout dans le monde mettant en péril l'intégrité des pays occidentaux. Par le biais d'enregistrements sonores (s'il s'agit bien de sa voix), Oussama Ben Laden continue à menacer l'Amérique et le monde occidental en prédisant d'autres attentats. La « guerre asymétrique » qui en découle constitue bien une étape dans l'évolution des conflits mondiaux.

Les faits de guerre du terrorisme

Les attentats de Madrid (mars 2004) et de Londres (juillet 2005) ont été revendiqués par Al-Qaïda. La réalité semble toutefois bien différente. En effet, l'enquête menée par le juge espagnol fait apparaître que les personnes interpellées à la suite de l'attentat ont agi de leur propre chef sans soutien extérieur. Des conclusions identiques figureraient dans l'enquête du ministère de l'Intérieur britannique. Autrement dit, dans les deux cas, on aurait affaire à de petits groupes autonomes sans aucun lien avec le réseau fondé par Oussama Ben Laden. La théorie d'un complot terroriste à l'échelle mondiale, si souvent invoquée par Washington, deviendrait donc dans les faits caduque.

Les origines de cette guerre « terroriste » sont solidement ancrées dans l'histoire de la seconde moitié du XXe siècle. Ce qui est nouveau, c'est la globalisation de ces conflits larvés bien qu'ils prennent tous appui dans des régions spécifiques, souvent le Moyen-Orient.

Histoire du XXᵉ siècle

Le réveil économique de la Chine

La Chine post-maoïste s'est ouverte progressivement au capitalisme même si le régime politique reste toujours dominé par le parti communiste (PCC), et l'idéologie marxiste-léniniste. Par ailleurs, l'aventure sur le plan économique commence en 1978 avec le successeur de Mao : Deng Xiaoping.

Deng Xiaoping et la rénovation économique de la Chine

Après la mort de Mao Zedong (1893-1976), la Chine s'ouvre au développement économique. Cette évolution sans précédent dans l'histoire du pays se confond avec l'ascension et les idées de la nouvelle direction chinoise dirigée par Deng Xiaoping.

> *Deng Xiaoping (1904-1997)*
> Il est né le 22 août 1904 à Guangan, au Sichuan. En 1924, alors qu'il est étudiant, il adhère au parti (PCC). Peu après la proclamation de la République populaire de Chine (le 1ᵉʳ octobre 1949), Deng Xiaoping est élu membre du gouvernement central présidé par Mao. En 1954, il est vice-Premier Ministre du Conseil des affaires d'État (le gouvernement chinois), l'un des rouages de l'appareil étatique. Par ailleurs, en août 1977, Deng Xiaoping est élu vice-président du comité central du PCC. Son ascension se poursuit à la tête du PCC, et un an plus tard, à l'issue de la session plénière du 11ᵉ comité central, il prend la tête de la nouvelle équipe dirigeante. Deng Xiaoping va se révéler vingt ans durant comme l'homme fort de la Chine.

5. Évolutions du monde contemporain (1980-2005)

C'est lors de la tenue du XIIe congrès du PCC, en septembre 1982, que Deng Xiaoping lance l'idée de l'édification d'un socialisme à la chinoise en privilégiant le développement économique. À ses yeux, le parti et son idéologie restent néanmoins au cœur du système politique chinois. Il est lui-même un homme d'appareil.

L'art chinois de concilier les contraires

L'idée novatrice de Deng Xiaoping consiste à associer le développement matériel du pays avec un contrôle très strict de la société chinoise. Le vent de liberté qui se met brusquement à souffler sur la Chine est ainsi vite réprimé comme en témoigne le sort réservé aux étudiants de la place Tiananmen en juin 1989. C'est Deng Xiaoping lui-même qui donne l'ordre à l'armée de tirer sur les jeunes chinois. De même, il est à l'origine de la rétrocession par les Britanniques à la Chine de Hong Kong, en 1997.

La situation de l'économie chinoise en 2005

La Chine passe, en plus de vingt ans, d'un système autarcique et centralisé, c'est-à-dire replié sur lui-même, à une économie de marché par nature ouverte aux échanges extérieurs. Ce pays asiatique entre d'ailleurs dans l'Organisation mondiale du commerce (OMC) en décembre 2001. L'opération a plusieurs avantages, notamment de permettre aux Chinois de mieux exporter leurs produits manufacturés (textiles, par exemple), et surtout de bénéficier d'une accélération des investissements directs étrangers ce qui dope la demande intérieure.

Une stratégie d'ouverture réussie

Cette évolution est bien le signe de la réussite de la politique d'ouverture initiée par Deng Xiaoping à partir de 1978. De la même manière, la pénétration du marché intérieur chinois (les importations) s'est accélérée. Le

Histoire du XXᵉ siècle

taux d'ouverture de ces dix dernières années est passé de 10 à 20 %. L'Union européenne (UE) est l'un des principaux fournisseurs de la Chine surtout dans les domaines des machines mécaniques et électriques, des véhicules, des instruments de précision... Elle est en compétition bien évidemment avec les États-Unis et les autres pays asiatiques. De toute évidence, le marché est immense et n'a pas encore atteint un degré de saturation.

Ce nouveau recensement du PIB, qui traduit une nette amélioration de l'outil statistique chinois, prend en compte l'existence d'une multitude d'entreprises privées et individuelles. En outre, le poids du tertiaire dans le PIB est passé de 31,9 % à 40,7 %. En revanche, les autres secteurs ont légèrement baissé (industrie et agriculture). Enfin, le secteur privé est en pleine expansion ; sa part dans la richesse nationale, selon certaines évaluations, dépasserait les 60 % en 2004. En résumé, la croissance de la Chine, qui a atteint 9,9 % en 2005 (contre 10,1 en 2004), prouve la vitalité d'une économie tirée par les investissements et le commerce extérieur.

Un PIB en explosion

Globalement, la richesse nationale de la Chine représentée par le Produit intérieur brut (PIB) est estimée en 2004 par le bureau national des statistiques (NBS) à 1 654 milliards d'euros, soit une hausse de la croissance économique de + 16,8 %. Ce chiffre a été réévalué récemment et comprend non seulement l'industrie comme auparavant, mais aussi les services (transport, télécommunication, commerce de gros et de détail, restauration, immobilier).

Le bémol des données démographiques

Mais cette transformation rapide et spectaculaire de l'économie chinoise est à rapprocher des données démographiques du pays.

5. Évolutions du monde contemporain (1980-2005)

Un milliard de Chinois...

En 2005, la Chine compte 1,3 milliard d'habitants. C'est le pays le plus peuplé du monde. Pourtant, sa part dans la population mondiale diminue légèrement (22 % en 1950 contre 20 % aujourd'hui). De fait, on observe une baisse de la fécondité avec un chiffre estimé environ à 1,8 enfant par femme alors que le seuil de remplacement des générations est de 2,1. Signe des temps, l'espérance de vie à la naissance est passée de 40 ans en 1949 à 71 ans aujourd'hui. La part des personnes âgées de plus de 65 ans a augmenté (7 % en 2000 pour 5 % en 1982). Ce chiffre devrait doubler d'ici 2030. Corrélativement, la part des jeunes de moins de 15 ans a diminué passant de 34 % à 23 % dans la même période.

Une inégalité sexuée

L'autre motif d'inquiétude pour les autorités chinoises, est le déséquilibre entre les garçons et les filles. On relève, par exemple, 107 garçons pour 100 filles en 1982, et 117 garçons pour 100 filles également en 2000. L'une des explications réside dans la surmortalité des filles par rapport aux garçons. Par ailleurs, la politique familiale, en imposant notamment un enfant par couple, n'est certainement pas étrangère à ce phénomène. Le gouvernement chinois entend néanmoins mieux valoriser, à l'avenir, la présence et la position des femmes dans la société.

La longue marche... économique

En pleine mutation, l'économie chinoise doit donc affronter des problèmes techniques et politiques, comme la lutte contre la corruption et la mafia qui, dans certaines régions, gênent considérablement l'installation et l'activité des entreprises étrangères installées sur le sol chinois. D'un point de vue structurel, la faiblesse de l'agriculture et la croissance insuffisante des revenus de la population rurale représentent deux problèmes majeurs pour l'avenir du pays.

Histoire du XXᵉ siècle

La Chine à l'épreuve du monde

Le gouvernement chinois doit aussi éviter un rejet massif de ses exportations à bon marché, ou la mise en place de quotas trop importants. Autrement dit, il doit trouver dans les années à venir un équilibre entre la poursuite de la croissance du pays et le respect du développement des autres pays industriels. Malgré l'existence de zones de pauvreté, la Chine est devenue l'une des grandes puissances économiques mondiales. Son influence s'étend également un peu partout dans le monde, en Afrique noire par exemple, ce qui soulève des inquiétudes de la part des Américains et des Européens.

L'élargissement de l'Union européenne

L'Union européenne (UE) parvient à un point critique de son histoire dans le cadre de sa politique d'élargissement. Le problème le plus aigu réside sans doute dans la demande d'adhésion de la Turquie.

Généalogie de l'élargissement

La création de la CEE

L'Europe des Six

- 18 avril 1951. Les six États fondateurs (Belgique, RFA, France, Italie, Luxembourg, Pays-Bas) signent un traité instituant la Communauté européenne du charbon et de l'acier (CECA).
- 25 mars 1957. Les six décident d'étendre l'intégration à l'ensemble de l'économie et signent à cet effet les traités de Rome : la Communauté

5. Évolutions du monde contemporain (1980-2005)

économique européenne (CEE) et l'Euratom (énergie atomique). Les deux traités entrent en application le 1ᵉʳ janvier 1958.

Le processus d'intégration à la CEE

L'Europe des Neuf

▶ 22 janvier 1972. Signature à Bruxelles des traités d'adhésion des pays suivants : Danemark, Irlande, Norvège et Royaume-Uni.

▶ 1ᵉʳ janvier 1973. Le Danemark, l'Irlande et le Royaume-Uni entrent effectivement dans la CEE. La Norvège se retire du processus d'intégration à la suite d'un référendum négatif.

L'Europe des Dix

▶ 28 mai 1979. Signature de l'acte d'adhésion de la Grèce dans la CEE avec effet au 1ᵉʳ janvier 1981.

L'Europe des Douze

▶ 12 juin 1985. Signature des actes d'adhésion de l'Espagne et du Portugal à la CEE avec effet au 1ᵉʳ janvier 1986.

▶ 17 et 28 février 1986. Signature à Luxembourg et à La Haye de l'Acte unique européen avec effet au 1ᵉʳ juillet 1987 (achèvement de la construction du grand marché intérieur).

▶ 19 juin 1990. Signature de l'accord de Schengen visant l'abolition des frontières entre les pays membres de la CEE.

L'Union européenne (UE)

Le traité de Maastricht : le marché unique

▶ 9 et 10 décembre 1991. Adoption du traité de Maastricht créant l'Union européenne. Ce traité est signé le 7 février 1992 et entre en application le 1ᵉʳ novembre 1993. L'Union européenne prévoit notamment la

Histoire du XXᵉ siècle

création d'une union économique et monétaire comprenant une monnaie unique. La CEE est rebaptisée « Communauté européenne » (CE).

- 1ᵉʳ janvier 1993. Mise en place du marché unique.
- 22 juin 1993. Le Conseil européen de Copenhague institue pour la première fois des critères spécifiques pour adhérer à l'Union européenne.

Le processus d'élargissement de la Communauté européenne

L'Europe des Quinze

- 24 et 25 juin 1994. Signature des actes d'adhésion à l'UE de l'Autriche, de la Finlande, de la Norvège et de la Suède avec effet au 1ᵉʳ janvier 1995, sauf pour la Norvège qui se retire une nouvelle fois du processus d'intégration.
- 2 octobre 1997. Signature du traité d'Amsterdam qui donne de nouvelles compétences à l'UE.
- 12 et 13 décembre 1997. Le Conseil européen de Luxembourg prend la décision d'engager le processus d'élargissement.
- 3 mai 1998. Travaux préparatoires à la monnaie unique.

La création d'une monnaie unique : l'euro

Une politique monétaire commune (BCE)

- 1ᵉʳ janvier 1999. La monnaie unique (l'euro) entre en application dans onze États (Belgique, Allemagne, Espagne, France, Irlande, Italie, Luxembourg, Pays-Bas, Autriche, Portugal et Finlande). La Banque centrale européenne (BCE) est désormais responsable de la politique monétaire.

5. Évolutions du monde contemporain (1980-2005)

- 10 et 11 décembre 1999. Le Conseil européen d'Helsinki accepte la candidature de la Turquie à l'UE : « La Turquie est un pays candidat, qui a vocation à rejoindre l'Union sur la base des mêmes critères que ceux qui s'appliquent aux autres candidats. »
- 26 février 2001. Signature du traité de Nice avec effet le 1er février 2003. Ce traité envisage la question de l'élargissement à 25 pays et plus.
- 14 et 15 décembre 2001. Conseil européen de Laeken. Déclaration concernant la préparation d'une constitution européenne. Une convention est convoquée à cet effet ; elle est présidée par Valéry Giscard d'Estaing.
- 1er janvier 2002. Mise en circulation de l'euro.

Le projet de constitution européenne

L'Europe des Vingt-cinq

- 13 décembre 2002. Conseil européen de Copenhague. Adhésion de dix pays à l'UE (République tchèque, l'Estonie, Chypre, la Lettonie, la Lituanie, la Hongrie, Malte, la Pologne, la Slovénie et la Slovaquie) avec effet au 1er mai 2004.
- 18 juin 2004. Le conseil européen adopte le traité instituant une Constitution pour l'Europe qui doit être ratifié ensuite selon des modalités spécifiques pour chaque pays (référendum ou voie parlementaire).
- 16 au 17 décembre 2004. Décision d'ouverture des négociations d'adhésion avec la Croatie et la Turquie pour 2005.
- 25 avril 2005. Traités d'adhésion de la Bulgarie et de la Roumanie avec échéance en 2007.
- 20 février 2005. L'Espagne adopte le traité constitutionnel par voie de référendum. Le Luxembourg en fait autant (10 juillet 2005).

Histoire du XXᵉ siècle

L'Europe mise au défi

La suspension du processus constitutionnel

- 29 mai 2005. La France rejette le traité constitutionnel par référendum avec 55 % de non. Dans la foulée les Pays-Bas imitent la France. Si bien que le processus de ratification est suspendu ou gelé dans plusieurs pays (Royaume-Uni, Portugal, Pologne, Irlande, Danemark, République tchèque).
- 5 octobre 2005. Ouverture des négociations avec la Turquie.

Le processus d'élargissement : l'exemple de la Turquie

Un pays qui adhère à l'Union européenne doit impérativement remplir un certain nombre de critères définis par le traité de l'Union européenne.

Les critères d'adhésion à l'Union européenne

Ils sont principalement de trois ordres :

- économiques : existence dans le pays adhérent d'une économie de marché capable de faire face notamment à la concurrence du marché intérieur à l'UE ;
- politiques : présence d'institutions stables et démocratiques reposant sur le respect du droit en général et des droits de l'homme en particulier (y compris des minorités) ;
- juridiques : obligation de respecter la législation communautaire dont l'un des objectifs est de normaliser les droits nationaux.

D'une manière générale, l'élargissement à d'autres pays correspond à l'esprit de la construction européenne dès l'origine. Par ailleurs, le processus d'élargissement a été relancé politiquement en 1989 avec la chute du

5. Évolutions du monde contemporain (1980-2005)

mur de Berlin. Par ce biais, l'intégration renforce la cohésion des pays membres et devient ainsi une meilleure garantie de paix en Europe.

Le sinueux destin européen

Le non à l'Europe en 2005 ne constitue pas une nouveauté en France. En 1954, les députés français refusèrent de ratifier à une très forte majorité le traité de Paris instituant la CED (Communauté européenne de défense). Les raisons invoquées en faveur du refus en 1954 comme en 2005 sont multiples et tout aussi confuses. Toutefois, l'une des causes qui rapprochent ces deux événements réside dans le rejet de la supranationalité. En 1954, les députés craignaient un éventuel réarmement de l'Allemagne ; en 2005, une majorité de Français rejette les conséquences économiques et sociales de la mondialisation.

Le problème de l'identité géopolitique de l'Europe

La question des contours géographiques de l'Union européenne est néanmoins posée avec la demande d'adhésion de la Turquie. Sans entrer dans le détail, le débat est à la fois politique, historique et culturel. En effet, la plupart des États membres de l'UE ont connu des évolutions à peu près semblables (mouvement des Lumières, révolutions, industrialisation, deux guerres mondiales, apparition des démocraties, etc.).

Le clivage chrétienté/islam

La Turquie, pays musulman mais dont l'État est laïc, est liée à l'Europe par un accord d'association de 1963 (dit accord d'Ankara). Certains observateurs pensent qu'en faisant entrer un pays musulman dans l'Europe, l'intégrisme islamique pourrait reculer. À l'inverse, d'autres voix considèrent qu'il s'agit d'un pays musulman dont les lois et la mentalité sont trop éloignées de l'identité judéo-chrétienne. Toujours dans cette optique négative, l'adhésion turque, si elle réussissait, pourrait donner des idées à d'autres pays, ceux du Maghreb par exemple. Quoi qu'il en soit, le

Histoire du XXᵉ siècle

processus d'intégration est lancé et la Turquie doit maintenant œuvrer pour assimiler l'ensemble des critères de Copenhague.

L'influence américaine

L'intégration de la Turquie a notamment les faveurs des Etats-Unis, dans la mesure où cette nation fait partie depuis 1952 de l'Organisation du traité de l'Atlantique Nord (OTAN), et en raison aussi de sa position géostratégique pendant la guerre froide. Son adhésion à l'UE peut donc être perçue comme une récompense sur le plan politique. Mais l'adhésion définitive à l'UE de la Turquie dépend en effet de sa capacité à assimiler les principes politiques et économiques inhérents aux sociétés occidentales.

Les caractéristiques générales de la politique extérieure américaine

Il est peu de dire que les États-Unis d'Amérique ont une grande influence sur la scène internationale, c'est-à-dire dans les relations entre États. Dans ces conditions, quelles sont les grandes lignes de la politique extérieure américaine ?

Continuité de la politique extérieure américaine

Depuis le début des années 1950, les deux grands partis politiques américains (républicain et démocrate), ont toujours été solidaires dans le domaine de la politique extérieure. Ainsi, pendant la période de la guerre froide, chaque président en exercice s'est toujours rapproché, dans les faits, de la politique de son prédécesseur.

5. Évolutions du monde contemporain (1980-2005)

Les présidents américains au XXᵉ siècle
- 1901-1909. Theodore Roosevelt (1858-1919). Républicain.
- 1909-1913. William Howard Taft (1857-1930). Républicain.
- 1913-1921. Thomas Woodrow Wilson (1856-1924). Démocrate.
- 1921-1923. Warren Gamaliel Harding (1865-1923). Républicain.
- 1923-1929. Calvin Coolidge (1872-1933). Républicain.
- 1929-1933. Herbert Clark Hoover (1874-1964). Républicain.
- 1933-1945. Franklin Delano Roosevelt (1882-1945). Démocrate.
- 1945-1953. Harry Truman (1884-1972). Démocrate.
- 1953-1961. Dwight David Eisenhower (1890-1969). Républicain.
- 1961-1963. John Fitzgerald Kennedy (1917-1963). Démocrate.
- 1963-1969. Lyndon Baines Johnson (1908-1973). Démocrate.
- 1969-1974. Richard Nixon (1913-1994). Républicain.
- 1974-1977. Gerald Rudolph Ford (1913-). Républicain.
- 1977-1981. James Earl Carter (1924-). Démocrate.
- 1981-1989. Ronald Wilson Reagan (1911-2004). Républicain.
- 1989-1993. George Herbert Walker Bush (1924-). Républicain.
- 1993-2001. William Jefferson Clinton, dit Bill Clinton (1946-). Démocrate.
- 2001 ------. George Walker Bush (1946-). Républicain.

Lors de sa campagne électorale en 1952, le candidat Eisenhower critique violemment la politique d'endiguement du gouvernement Truman à l'égard des Soviétiques. Mais une fois au pouvoir, il reprend la doctrine de la détente avec l'Union soviétique. Installé à la Maison Blanche, John Kennedy doit affronter la crise des missiles de Cuba en octobre 1963. Peu de temps après, il infléchit sa politique agressive à l'égard des Soviétiques afin d'éviter une guerre nucléaire. On observe un phénomène identique avec les autres présidents, comme Ronald Reagan par exemple, qui

Histoire du XXᵉ siècle

avoue à la presse avoir évolué au fil du temps comme ses homologues soviétiques.

Le contexte de la guerre froide

Pourquoi de tels accommodements ? Tout simplement parce que ce sont les campagnes électorales qui permettent aux candidats d'affirmer leurs spécificités dans un système politique où les programmes des partis sont assez proches. Une fois le pouvoir conquis, tous les présidents se trouvent confrontés à deux problèmes : d'une part, ils doivent coopérer avec le Congrès qui vote les crédits et, d'autre part, ils doivent tenir compte de la situation internationale. Au début des années 1980, le grand politologue français, Raymond Aron, résumait bien cette période de guerre froide : « Les deux Grands continuent de rivaliser, tantôt proches de la connivence, tantôt voués à une lutte inexpiable. »

Bill Clinton

Né le 19 août 1946, à Hope, dans l'Arkansas, Bill Clinton est issu d'une famille de condition modeste. Il fait des études de politique internationale et de droit. Il se lance assez tôt dans la politique et devient procureur général de l'Arkansas en 1976, puis gouverneur de cet État deux ans après. Il abandonne ensuite un temps la politique, puis se fait réélire gouverneur en 1982.

En 1992, il obtient l'investiture de son parti et remporte les élections présidentielles, en obtenant la majorité aux deux Chambres. Sa méthode de travail tranche avec celle de ses prédécesseurs car il s'appuie sur une petite équipe dont fait partie son épouse, Hillary Clinton. Malgré des relations difficiles avec les deux Chambres, Bill Clinton est réélu en 1996 et entame son second et dernier mandat (la constitution américaine interdit aux candidats de se présenter plus de deux fois à l'élection présidentielle). Sous ces mandats, l'économie américaine connaît une période de prospérité et une forte baisse du chômage. Sa seconde présidence est toutefois assombrie par divers scandales, et notamment par les accusations de

5. Évolutions du monde contemporain (1980-2005)

harcèlements sexuels prononcées contre lui par une jeune stagiaire de la Maison Blanche, Monica Lewinsky. Malgré ces déboires, Clinton termine son mandat. Aujourd'hui, après avoir écrit ses mémoires, il mène une vie de conférencier.

L'hégémonie américaine

La donne internationale change radicalement au début des années 1990 avec la chute du mur de Berlin et la disparition de l'URSS. L'Amérique, en tant que grande puissance, se retrouve seule sur la scène internationale pour faire face, comme médiateur, à une mosaïque de conflits locaux ou régionaux. Pour qualifier la présence américaine dans d'autres pays, l'expression de « gendarme du monde » est toutefois impropre, même si elle cadre parfois avec une certaine réalité, par exemple en Afghanistan.

La prééminence des valeurs de la nation américaine

Cette prééminence de l'Amérique dans la direction des affaires du monde s'explique par l'effondrement de l'ex-URSS. Par ailleurs, l'Europe engluée dans ses problèmes internes est une puissance encore trop immature pour prendre le leadership mondial. Cette suprématie américaine, que Raymond Aron appelait la « Présidence impériale », comporte néanmoins certains risques puisqu'elle n'est contrebalancée par aucun contre-pouvoir. De la suprématie à l'hégémonie, il n'y a qu'un pas.

Une lutte de civilisation

Les événements du 11 septembre 2001, avec le changement de président à la tête de l'exécutif américain, font basculer cet équilibre vers une politique musclée et agressive contre certains pays ou mouvements désireux d'en découdre avec l'Amérique. Le cas des mouvements islamistes est une illustration de cette tentation d'installer le désordre dans les pays occidentaux afin de tirer partie d'une situation générale complètement

Histoire du XXᵉ siècle

délitée. D'une certaine manière, le même calcul est fait dans les deux « camps ». George W. Bush, 43ᵉ président américain, n'hésite pas à sauter le pas après les attentats de 2001, sous couvert de « lutte de civilisation ».

George W. Bush

George Bush, fils aîné de George Herbert Walker Bush, naît le 6 juillet 1946 à New Haven dans le Connecticut. La famille Bush s'installe en 1959 à Houston dans le Texas. Après avoir travaillé dans l'industrie du pétrole, comme son père, George Bush est élu gouverneur du Texas en 1994, poste auquel il est réélu en 1998. Il remporte l'élection présidentielle de 2000 d'extrême justesse, mais n'en est pas moins réélu à la présidence en novembre 2004.

Les attentats de septembre 2001 vont l'amener à s'impliquer dans la vie politique internationale, en déclenchant notamment la guerre d'Irak. Il fait voter une loi par le Congrès instaurant une politique de sécurité draconienne, le « Patriot Act », jugée dangereuse pour les droits de l'homme. Par ailleurs, sa doctrine politique est très conservatrice. Le président américain s'oppose tant à l'avortement qu'à l'euthanasie, au mariage des homosexuels... George W. Bush est actuellement l'homme le plus puissant au monde, mais certainement aussi le plus détesté.

La nouvelle donne de la guerre « asymétrique »

Le terrorisme traduit surtout une réaction épidermique et violente de la part de certains États, arabes notamment, contre la puissance américaine.

La politique militaire américaine doit s'adapter pour répondre aux vicissitudes et aux dangers résultant des nouveaux désordres mondiaux. En ce sens, la stratégie de l'administration Bush constitue une rupture dans les moyens utilisés, mais pas dans les fins.

Cette situation pousse l'Amérique à modifier sa stratégie dans le cadre d'une guerre moderne dite « asymétrique », mettant en jeu les techniques les plus sophistiquées, et, selon Condoleezza Rice conseillère du président américain, « d'autres champs de bataille, tel le cyberespace ».

5. Évolutions du monde contemporain (1980-2005)

Un engagement à la mesure de la mondialisation

Si l'opinion publique américaine commence à douter des objectifs fixés par la présidence Bush, et notamment de l'engagement en Irak, les États-Unis ont su toutefois profiter de la situation internationale pour s'affirmer plus que jamais comme le pays leader capable d'intervenir plus ou moins efficacement sur la scène internationale. La politique extérieure de George Bush ne déroge à celle de ses prédécesseurs. Il y a une continuité en la matière. La particularité réside plutôt dans un degré plus élevé d'intervention dans le monde. Ce phénomène très particulier se conjugue avec la mise en place d'une globalisation des échanges mondiaux.

Conclusion
Globalisation et « société planétaire »

Le gâteau des ressources mondiales

La mondialisation des échanges ou « globalisation » est un phénomène historique très ancien puisqu'il remonte au XVIe siècle avec la découverte de l'Amérique par Christophe Colomb. Néanmoins, ce processus a connu un véritable emballement au cours des vingt dernières années grâce aux dernières révolutions technologiques (informatique, télécommunication, transport, etc.). L'information circule aujourd'hui à une très grande vitesse. On assiste donc à une accélération des échanges qui accroît le développement du capitalisme à l'échelle planétaire. Ce mouvement de globalisation des échanges n'en est pas moins encadré par des organisations internationales telles que l'Organisation mondiale du commerce (OMC).

La conquête des « terres lointaines » par les Européens, à l'époque de la Renaissance, correspond aux progrès techniques réalisés dans le domaine de la navigation maritime (la mise au point de la caravelle, par exemple). De cette époque date l'idée que l'on peut relier les différentes parties du monde dans un vaste réseau ayant pour finalité pratique l'exploitation des richesses. Parmi celles-ci, le commerce des métaux précieux (or et argent) joue un rôle central. Pour les experts de l'époque, c'est « la substance du peuple » ou encore « le nerf de tout gouvernement ».

Histoire du XXe siècle

Des comptoirs aux empires coloniaux

La création des empires coloniaux, au cours de l'histoire, est le moyen mis en œuvre par les pays évolués pour affirmer leur domination sur des continents plus déshérités, mais riches en matières premières. Ce phénomène est particulièrement caractéristique de la fin du XIXe siècle et de la première moitié du siècle suivant, où la rapacité des nations occidentales pousse le monde vers le chaos.

Un seul projet mondialiste dominant

L'existence de deux blocs pendant la guerre froide (capitalisme et communisme) traduit l'idée d'un projet mondialiste dont un seul a survécu. La mondialisation résulte donc autant de nécessités économiques qu'idéologiques : faire en sorte que le monde devienne un seul et même ensemble pour mieux diffuser les richesses, tout en véhiculant des valeurs spécifiques à la civilisation occidentale (démocratie, liberté, libre entreprise, concurrence, etc.).

Dans la toile des multinationales

Ce mouvement historique de fond s'appuie, aujourd'hui, sur l'existence de firmes multinationales dont l'action est parfois contestée. De toutes les grandes puissances industrielles susceptibles d'organiser et de contrôler un réseau à l'échelle mondiale, seule l'Amérique semble capable de remplir cette fonction. Cette réflexion résulte d'un constat, non d'un discours idéologique. En effet, les performances économiques des États-Unis d'Amérique sont impressionnantes dans le domaine de la création des richesses, mais aussi dans ceux de l'emploi, de la recherche, de l'armement, etc. Ce pays détient également 70 % de l'épargne mondiale et bénéficie d'un taux de fécondité élevé (2,1).

Globalisation et « société planétaire »

Un développement institutionnalisé

L'existence d'un réseau mondial suppose toutefois l'application d'une réglementation commerciale unifiée. C'est le rôle de l'OMC. Créée en 1995 en remplacement du GATT, cette organisation a pour but de promouvoir et de développer un système commercial multilatéral, dont les méthodes ont été largement éprouvées ces cinquante dernières années. L'institution regroupe 149 pays qui représentent 97 % du commerce mondial.

Quid d'un projet mondialiste alternatif ?

Cette mécanique bien huilée n'est pas du goût de tout le monde. En effet, le rôle de l'Amérique sur la scène internationale est de plus en plus contesté. Mais elle demeure la première puissance économique et militaire mondiale. Les opposants à la suprématie américaine dans le monde sont légion. Pour contrebalancer la puissance américaine, la solution passe par la création d'un projet alternatif, comme le font actuellement les « altermondialistes » à propos de la réglementation du commerce international. Bref, l'histoire continue et l'on voit se dessiner, de manière encore floue, les contours d'un « nouveau monde » notamment sur le plan économique. C'est aussi un défi qui sera certainement la caractéristique majeure de ce siècle naissant, prélude à l'émergence d'une société dite planétaire.

Repères bibliographiques

BAUD Jacques, *Encyclopédie des terrorismes et violences politiques*. Desclée de Brouwer, 2002.

BERNSTEIN Serge, MILZA, Pierre, *Histoire du XXe siècle. Tome 3 – Vers la mondialisation et le début du XXIe siècle*. Hatier, 2005.

FERRO Marc, *La Grande Guerre. 1914-1918*. Folio/Histoire, 1990.

FONTAINE André, *Histoire de la guerre froide*. Points/Histoire, 1983.

LAURENS Henry, *Paix et guerre au Moyen-Orient. L'Orient arabe de 1945 à nos jours*. Armand Colin, 1999.

MICHEL Marc, *Décolonisation et émergence du tiers monde*. Hachette, 1993.

MONTAGNON Pierre, *La Grande Histoire de la Seconde Guerre mondiale*. Pygmalion/Gérard Watelet, 1992.

MOREAU DEFARGES Philippe, *Où va l'Europe ?* Eyrolles, 2006.

NGUYEN Éric, *200 Fiches sur les hommes et les événements du XXe siècle*. Studyrama, 2004.

Table des matières

Sommaire	5
Introduction	7
Les crises d'un modèle civilisé	9
L'Occident en quête d'un nouveau visage	10
Une décolonisation ambiguë	10
Une ère de progrès économique et technique	10
L'élan des Trente Glorieuses	11
La « fin de l'Histoire » ?	11
Un XXIe siècle encore à venir ?	12
Chapitre 1 : L'Europe jusqu'en 1918	**13**
L'Europe avant la Première Guerre mondiale	15
L'hégémonie européenne et les empires coloniaux	15
Le rôle clé de l'Angleterre	15
Le monde des colonies	16
L'impérialisme allemand	18
La politique extérieure allemande de Bismarck à Guillaume II	19
La Grande Guerre (1914-1918)	21
L'attentat de Sarajevo et le déclenchement de la Première Guerre mondiale	21
Le syndrome de la balkanisation	21
La logique guerrière des alliances	21

193

Histoire du XXᵉ siècle

Les deux blocs en présence 22
Les principales étapes de la Grande Guerre 23
    Une « guerre fraîche et joyeuse » 23
    Un enthousiasme de courte durée 24
    Défaites russes sur le front de l'Est (1914) 26
    Guerre des tranchées sur le front de l'Ouest (1915-1916) 26
    Un front arrière et avant 28
    L'étau turc en Orient 29
    Le prix de la victoire 30
    L'armistice 32
Le traité de Versailles 33
    La lourde hypothèque des battus 33
    La situation de la Russie en 1917 34
    La révolution bolchevique 34
Le brutal acte de naissance du xxᵉ siècle 35

Chapitre 2 : L'entre-deux-guerres 37

La vie politique allemande 39
    La révolution allemande de 1918-1919 39
        L'état des forces politiques en Allemagne 40
        Un processus révolutionnaire inédit 41
    De Weimar à Hitler 42
        Internationalisme versus nationalisme 42
        La politique de la République de Weimar 43
    Hitler et l'ascension des nazis 44
        Les débuts d'un activiste 45
        Le tremplin du NSDAP vers le pouvoir 45
        L'Allemagne en danger ! 46
        L'État nazi 48

La grande crise économique des années 30 50
    Le krach boursier de 1929 à Wall Street 50
        Le dynamisme de l'économie et de la société américaines ... 50
        Les signes avant-coureurs de la crise 52
        Du krach boursier à la crise économique 54

Table des matières

Une crise à l'échelle du monde industriel 57
Du New Deal à la théorie keynésienne 59
Les idéologies de l'entre-deux-guerres 61
    Le fascisme 61
        Les trois grands principes du fascisme 62
        Un processus sociologique identifiable 62
        L'exemple italien 62
    Le communisme soviétique 64
        L'héritage léniniste 64
La grande tension de l'entre-deux-guerres 65

Chapitre 3 : La Seconde Guerre mondiale (1939-1945) 67

La Seconde Guerre mondiale en Europe 69
    La drôle de guerre 70
        La hantise de la Grande Guerre 70
        Le pacte germano-soviétique 71
    Le régime de Vichy 72
        Mai-juin 1940 : de la défaite à l'humiliation 72
        La France vaincue : espoir ou résignation ? 73
        Sous la férule d'un État policier : Vichy (1940-1944) 73
        Vichy et la politique de collaboration 74
    Les opérations militaires de 1939 à 1941 76
        La campagne de Norvège 76
        La campagne de France 77
        La bataille d'Angleterre 77
        La campagne des Balkans 79
        Premiers actes de la guerre germano-soviétique 79
    La résistance au nazisme 80
        Les réseaux de résistance 80
    La question juive et la « solution finale » 81
        Les usines de la mort 82
    Deux grands fronts en Europe 82
        Le front de l'Est 82
        Le front de l'Ouest 83

Histoire du XXᵉ siècle

La chute du régime nazi 85
    Le procès de Nuremberg 86
La Seconde Guerre mondiale sur les autres continents 86
    Les batailles africaines (1941-1942) 86
        Les principaux faits d'armes 87
    Le conflit américano-japonais 87
        La guerre du Pacifique (1942-1945) 88
    Bombes A sur Hiroshima et Nagasaki 89
Vers un nouvel ordre mondial 90
    Bretton Woods 90
        Un nouvel ordre monétaire 90
    Yalta 91
    Potsdam 91
        La nouvelle guerre idéologique 92

Chapitre 4 : La situation mondiale de 1945 à la crise des années 70 93

Le contexte d'après-guerre 95
    La logique de la « guerre froide » 95
Les Trente Glorieuses (1945-1975) 96
    La reconstruction de l'Europe 97
        L'intervention de l'État dans le domaine social 97
        L'aide économique américaine 98
    La modernisation de l'économie européenne 99
        Les transformations de l'agriculture et de l'industrie en Europe 99
    La société de consommation 103
        Un changement de mode de vie 104
Les grandes étapes de la guerre froide 106
    Chronologie des événements 106
    La création des blocs (1946-1947) 106
    La consolidation des blocs (1948-1952) 109
    Vers une relative normalisation des rapports Est-Ouest (1953-1955) ... 112
    Les vicissitudes de la « coexistence pacifique » (1956-1962) 114
Décolonisation et tiers-monde 117
    Les deux grandes étapes du processus de décolonisation 117

Table des matières

    La première vague de décolonisation : le Moyen-Orient et l'Asie 118
    La seconde vague de décolonisation : le continent africain 122
La crise économique mondiale des années 70 124
    Les origines de la crise économique 125
        Le ralentissement de la production industrielle :
        une productivité moins forte 125
        Le flottement des monnaies : du change fixe au change flexible 126
        L'accélération de l'inflation : l'insuffisance des capacités productives 128
    Les théories de la crise économique 129
        L'analyse keynésienne 129
        L'analyse marxiste 131
        L'analyse des régulationnistes 132
    Une nouvelle donne mondiale 133

Chapitre 5 : Quelques évolutions du monde contemporain (1980-2005) 135

Les prémices du monde contemporain 137
L'effondrement du communisme en Europe et ses conséquences 138
    La fin de la guerre froide 138
        L'opposition tchécoslovaque 138
        L'agitation polonaise 139
        Aux États-Unis, l'ère Reagan 139
        Du nouveau à l'Est 140
    L'implosion du communisme en Europe 141
        Les Allemagnes (RFA et RDA) : deux pays, une nation 142
        La Pologne 142
        La Tchécoslovaquie 143
        La Roumanie 144
        La Hongrie, la Bulgarie et l'Albanie 145
    La guerre civile dans l'ex-Yougoslavie 146
        La Yougoslavie jusqu'à la mort du maréchal Tito 146
        L'après-titisme et la disparition de la Yougoslavie 147
        Les difficultés économiques de la Yougoslavie 148
        La guerre civile dans l'ex-Yougoslavie 148
    La disparition de l'URSS et la naissance de la Russie actuelle 149

Histoire du XXᵉ siècle

Un héritage historique dilapidé 149
L'Union soviétique en péril 150
Le coup de force soviétique en Lituanie 150
Le coup d'État contre Gorbatchev 151
Des conflits régionaux aux conflits mondialisés : tendances récentes ... 153
    Le conflit israélo-palestinien : un conflit qui s'éternise depuis 1948.... 153
        Côté palestinien : une guerre de libération 154
        Un conflit en quête d'arbitrage 155
        L'amorce d'un processus de paix 156
        Le cycle de la violence 158
        L'Irak jusqu'à la première guerre du Golfe 160
    La guerre contre l'Irak : une guerre récurrente contre une dictature ..160
        L'Irak jusqu'à la première guerre du Golfe 160
        Les guerres de Saddam Hussein 161
        La guerre contre l'Irak 163
        Le guêpier irakien 164
    La lutte contre le réseau Al-Qaïda : un exemple
    de « guerre asymétrique » 165
        La guerre contre les Soviétiques en Afghanistan 165
        Le bourbier afghan 166
        Une menace terroriste tous azimuts 167
Le réveil économique de la Chine 168
    Deng Xiaoping et la rénovation économique de la Chine 168
        L'art chinois de concilier les contraires 169
    La situation de l'économie chinoise en 2005 169
        Une stratégie d'ouverture réussie 169
        Le bémol des données démographiques 170
        La longue marche... économique 171
L'élargissement de l'Union européenne 172
    Généalogie de l'élargissement 172
        La création de la CEE 172
        Le processus d'intégration à la CEE 173
        L'Union européenne (UE) 173
        Le processus d'élargissement de la Communauté européenne 174

Table des matières

La création d'une monnaie unique : l'euro 174
Le projet de constitution européenne 175
L'Europe mise au défi 176
Le processus d'élargissement : l'exemple de la Turquie 176
Les critères d'adhésion à l'Union européenne..................... 176
Le problème de l'identité géopolitique de l'Europe 177
Les caractéristiques générales de la politique extérieure américaine ... 178
Continuité de la politique extérieure américaine 178
Le contexte de la guerre froide 180
L'hégémonie américaine 181
La prééminence des valeurs de la nation américaine 181
Un engagement à la mesure de la mondialisation 183

Conclusion : Globalisation et « société planétaire » 185

Le gâteau des ressources mondiales 187
Des comptoirs aux empires coloniaux 188
Un seul projet mondialiste dominant 188
Quid d'un projet mondialiste alternatif ? 189

Repères bibliographiques 191

www.ingramcontent.com/pod-product-compliance
Lightning Source LLC
Chambersburg PA
CBHW061643040426
42446CB00010B/1557